Étienne,
En souhaitant que
ces réflexions en
aident plus d'un...
Merci!

LA VIE AVANT TOUT

Carl Desroches

CARL DESROCHERS

LA VIE AVANT TOUT

Réflexions sur la vie humaine
présentées aux 17 - 25 ans

ANNE SIGIER

1073, boul. René-Lévesque Ouest • Québec Canada • G1S 4R5 • (418) 687-6086

Critique et révision

Garrance Beaulieu, *psychologue*

Robert Beaulieu, *animateur à la vie spirituelle*

France Couture, *travailleuse sociale*

Rita Lachance, *enseignante*

Geneviève Mainville, *étudiante en psychologie*

Élisabeth Robin, *enseignante*

Yvan Tessier, *psychologue*

Julie Vallée, *enseignante*

Dépôt légal : Bibliothèques nationales du Québec et du Canada,
3e trimestre 2003

ISBN 2-89129-436-X

Imprimé au Canada

Distribution — Canada : Messageries ADP – France : AVM –
Belgique : Alliance Services – Suisse : Albert Le Grand

www.annesigier.qc.ca

Nous remercions les gouvernements du Canada (PADIÉ) et du Québec (SODEC)
de leur appui financier.

À vous tous…

… VIVANTS

Préface

Autrefois, la technologie moderne nous promettait une société de loisirs et d'épanouissement. Avec toutes ses merveilles, elle nous a livré à la place une vie branchée sur la « haute vitesse » et son lot d'épuisement. Au lieu de nous donner plus de temps pour les « vraies choses », on dirait que la vie à « haute vitesse » nous en donne moins.

L'épuisement est un terrain fertile pour la croissance de cette vision tronquée de la réalité qui amène un jeune à conclure que sa vie représente déjà une longue série de pertes et d'échecs, qu'il est un « perdant », qu'il n'y a rien de « beau » dans son existence, qu'il n'a plus rien à en espérer et que jamais les choses ne vont s'améliorer.

Cette vision négative a moins de chances d'apparaître chez une personne capable de composer avec les difficultés de la vie. C'est là où entre en ligne de compte l'apprentissage. Lorsqu'on manque de temps, on a tendance à se fier sur un apprentissage fait « sur le tas ». En apprenant « sur le tas », on se fie sur le hasard. De nos jours, nous sommes de plus en plus nombreux à réaliser que le hasard ne fait pas nécessairement bien les choses.

Carl Desrochers, un jeune enseignant du secondaire, a voulu dire aux finissants de son école qu'ils méritaient mieux qu'une vie axée sur le hasard. Il a merveilleusement bien réussi. Au départ, il voulait contribuer à la prévention du suicide chez les jeunes adultes. Il a largement dépassé cet objectif. Il est allé loin en amont de la crise suicidaire pour rejoindre non seulement l'ensemble des jeunes adultes, mais aussi les préoccupations des gens de tout âge. Il parle des « vraies choses » dans un langage clair et direct. Son livre représente un de ces « cadeaux de la vie » dont il ne faut pas se priver.

À titre de père de quatre enfants, dont l'un s'est suicidé à l'âge de 25 ans, je n'ai qu'un souhait: que La vie avant tout *soit lu non seulement par une vaste majorité de jeunes adultes, mais également par chaque parent et chaque adulte travaillant auprès des jeunes.*

MICHAEL SHEEHAN

Juge à la Cour du Québec
et au Tribunal des droits de la personne…
et père endeuillé par le suicide de son fils

Quelques mots

Les conséquences fâcheuses qui résultent de notre défaitisme peuvent être si facilement évitées si nous décidons de reconquérir le droit légitime que la vie nous a légué à notre naissance, soit celui de nous aimer inconditionnellement, de nous faire confiance, de nous estimer à juste titre et de cultiver la pensée positive. Ainsi, nous nous épargnons de nombreuses souffrances inutiles puisqu'en définitive nous sommes de lignée divine et, par le fait même, des dons de Dieu.

D'ailleurs, l'Auteur de nos jours nous a dotés de connaissances intérieures pour réussir et pour être heureux, de même que d'une véritable boîte à outils pour réparer notre bateau après les éprouvantes tempêtes dans lesquelles nous nous sommes souvent nous-mêmes plongés. C'est ce que j'ai heureusement compris de l'enfer que j'ai traversé et, par conséquent, je vous recommande fortement la lecture de ce bijou littéraire rédigé par M. Desrochers, si vous voulez, tout comme moi, créer votre propre bonheur. Il n'en tient qu'à vous de faire cet excellent choix.

Puisse Dieu vivre en vous et avec vous…

GABRIELLE LAVALLÉE
auteure de *L'Alliance de la brebis*
et rescapée de la secte de Roch « Moïse » Thériault

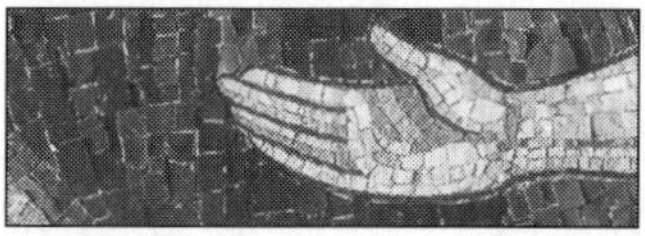

La vie n'est pas faite pour mourir
On meurt souvent bien entendu
Car la vie est si fragile...
On est seulement ce que l'on peut
On est rarement ce que l'on croit
Et sitôt on se pense un dieu
Sitôt on reçoit une croix
Car la vie est si fragile...

Si fragile
Luc De Larochellière

Introduction

Vous aurez peur ! C'est pratiquement inévitable... Vous aurez peur de vivre ou de continuer à vivre. De grands ados, vous passez à PETITS adultes. Mais il ne faut pas paniquer, car c'est tout ce qu'il y a de plus normal. L'inconnu et les départs font toujours peur... Ce qu'on oublie, ce sont les richesses qu'on retire de ces départs vers l'inconnu.

Au secondaire, vous baignez dans l'eau tiède avec de la mousse jusqu'aux oreilles et des jouets plein le bain ! Vous n'avez presque rien à faire, sauf mâchouiller la bouffe en purée que vos parents et même vos profs « prémastiquent » pour vous. Vous êtes encadrés sous tous les aspects, tant pédagogiques que psychologiques. Vous ne volez pas encore de vos propres ailes… et quand ce sera le temps, c'est LÀ que vous aurez peur ! Surtout si vous êtes un gars ! J'sais pas ce que nous avons, nous autres, hommes soi-disant virils, mais nous sommes beaucoup plus faibles que nous le laissons croire… Hein, les boys ! Nous sommes juste au premier rang du décrochage, de la violence, des délits sexuels, de la criminalité et du suicide ! Pas mal !

C'est un peu – beaucoup ! – pour ces raisons que je tiens à vous rappeler quelques réflexions sur la façon de vous voir vous-mêmes, de voir les autres et de voir la vie. Quelques conseils qui, je le pense, vous montreront la réalité telle qu'elle est… tout en vous donnant des outils qui vous permettront d'être plus forts dans votre vie. C'est particulièrement lorsque vous entrerez dans le monde adulte que la menace du suicide vous guettera ! Lorsqu'on se sent davantage tout nu sans téléphone cellulaire que sans valeurs morales qui stabilisent la vie et la préservent, c'est pas normal.

Le tout sera suivi par quelques mots de parents qui ont perdu un enfant et qui ont gentiment – surtout courageusement – accepté de vous écrire. Je les remercie et les admire beaucoup !

Évidemment, je serai fidèle à moi-même, avec mon langage teinté d'humour noir, cru et surtout piquant. Veuillez m'excuser tout de suite pour les fois où je serai trop direct ou lorsque mon ton sera assez bête, avec des affirmations excessives qui utilisent des gros mots ; vous devrez apporter les nuances nécessaires, car le texte n'est pas *politically correct*; il emprunte un langage oral avec tous les écarts de vocabulaire et de syntaxe que ça implique. Comme le disent mes élèves, c'est du « Ti-Carl » ! Je préfère vous faire réagir en provoquant vos convictions plutôt que vous laisser indifférents ! Considérez qu'il s'agit là simplement d'une stratégie du type : « Bon, on va se parler dans le blanc des yeux, deux minutes. Attachez votre tuque avec d'la broche ! » Vous voyez le genre ? Je suis loin d'être « Monsieur Perfection » et je ne possède certainement pas le monopole de la vérité. Mais j'estime qu'il faut cesser de faire l'autruche et se dire les vraies affaires.

Alors, pourquoi vous écrire cette lettre ? Parce que chaque fois que j'apprends qu'un de vous a abandonné sa vie, ça me rentre dedans ! Peu importe qui. Je ne suis pas capable de m'habituer à ça ! Et je ne veux surtout pas m'y habituer… car s'il fallait que je trouve la situation normale ou banale, j'atteindrais une bassesse humaine innommable ! Donc, pourquoi cette lettre ? J'écris ces lignes dans l'espoir… de vous donner de l'espoir… et de vous faire réfléchir.

Ces pages vous proposent une réflexion de prévention, pas un outil d'intervention en cas d'idées suicidaires. Ainsi, si vous êtes en état de crise, il ne vous faut pas un livre, mais une personne.

Conservez néanmoins ce document : il est le fruit de longues réflexions. Au pire, donnez-le à quelqu'un au lieu de le jeter. Autant que possible, puisqu'il vous bombardera d'idées de toutes sortes, lisez-le seuls et lentement. De cette manière, on pense mieux…

Maintenant, suivez-moi. Je crois que je connais bien le chemin…

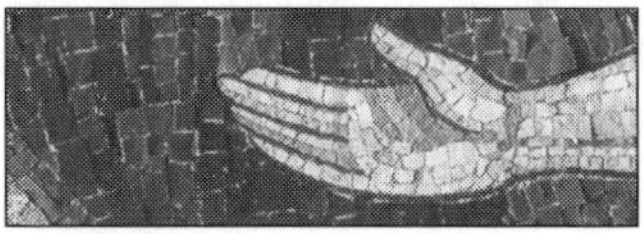

Learning to love yourself
It is the greatest love of all
Whitney Houston

La confiance en soi

Tous les élèves qui sont venus se confier à moi pour des problèmes personnels vont reconnaître ma première et ultime consigne : si vous aviez à choisir un trait de personnalité à développer dans votre vie, ce serait la confiance en soi, l'estime de soi.

Je considère, après mûres réflexions, que 99 % de nos problèmes personnels sont causés d'abord par un manque de confiance en soi. Évidemment, je ne parle pas de drames violents ou d'abus quelconques subis dans l'enfance, même si, dans ces douloureux cas, rebâtir la confiance en soi aide à s'en sortir. Je fais référence à l'image que nous avons de nous-mêmes. Et dites-vous qu'il y a des gens qui croient n'avoir AUCUNE qualité alors que c'est absolument faux et archi-faux !

Une personne agressive qui pogne les nerfs pour un rien n'a pas, sous certains aspects, confiance en elle ; même chose avec quelqu'un qui est jaloux en amour ou en amitié. Je dirais que la conséquence la plus dévastatrice d'un manque de confiance en soi, c'est *la peur*. Peur de foncer, peur de l'avenir, peur des autres ou de leur jugement, peur de souffrir, peur des échecs, peur de perdre la face, peur de ne pas être aimé… peur d'avoir peur.

En fait, à propos de la peur, n'oubliez pas ceci : le courage, ce n'est pas l'absence de peur à la manière d'un héros de film d'aventures ; *le courage, c'est de persister malgré la peur*. Et cette peur, quelle qu'elle soit, est souvent une supposition de notre imagination qui fait exister ce qui n'existe pas. En revanche, la confiance en soi permet de développer la maturité, la perception équilibrée de soi-même (j'ai des limites, oui, et je dois les accepter ; j'ai aussi et surtout des qualités !), une vision optimiste de la réalité et de l'avenir.

Rappelez-vous : *vous ne pouvez en aucun cas faire confiance aux autres (et même à la vie !) si vous n'avez pas d'abord confiance en vous-mêmes !* Donc, faites-vous confiance... *Tout comme vous ne pouvez pas aimer quelqu'un si vous ne vous aimez pas.* Donc, apprenez à vous aimer... *Tout comme vous ne pouvez pas accepter la différence des autres si vous ne vous acceptez pas vous-mêmes.* Donc, acceptez-vous en tant que personnes... Et pour vous aider à y réfléchir, voici quelques trucs, les plus essentiels.

Acceptez votre corps tel qu'il est et les émotions qu'il provoque en vous. Vous ne pouvez pas le changer, de toute manière, sinon très peu ; à moins que vous vouliez ressembler à une vieille chanteuse qui a une séduisante enveloppe soutenue par une charpente « ostéoporosée » aussi fragile que du verre bas de gamme ou à Monsieur Univers avec ses biceps gonflés aux anabolisants ! Un beau corps ne fait pas nécessairement une belle personne. Lorsque mon seul et unique but est d'embellir mon corps, j'enlaidis ma personnalité par le fait même. Bon, cela ne signifie pas de se vêtir d'une boîte d'électroménager recouverte d'une nappe en dentelle pour cacher les formes ! Mais, les filles, si vous croyez qu'un gars s'intéressera à VOUS quand vous êtes sexy, vous vous trompez royalement ; il n'aura qu'une idée en tête, et ce ne sera certainement pas de vous connaître ! Vous avez sûrement déjà entendu cette phrase : « Je coucherais avec elle, mais je ne la voudrais pas comme blonde » ? Ça dit tout. À bien y penser, il vaut mieux ÊTRE beau qu'AVOIR la beauté. Et être beau, c'est d'abord et avant tout demeurer soi-même et être souriant, sympathique et honnête.

Trouvez-vous des QUALITÉS au lieu de toujours vous découvrir de nouveaux défauts. (N'oubliez pas que nous sommes comme une feuille blanche sur laquelle apparaissent quelques petits points noirs ; notre tendance, c'est d'amplifier ces points noirs jusqu'à considérer que la feuille blanche n'existe plus !) Nous avons en réalité beaucoup plus de qualités que de défauts, mais nous croyons trop souvent l'inverse.

Même si, en début d'adolescence, c'est normal de se comparer pour trouver son identité, *cessez de vous comparer aux autres.* Les autres sont ce qu'ils sont et vous êtes ce que vous êtes. Ne cherchez pas à ressembler à quelqu'un d'autre, mais bien à devenir pleinement vous-mêmes, à faire grandir vos qualités.

Ne vous tracassez donc pas de ce que les autres pensent de vous. L'important, ce n'est pas ce que les autres pensent de vous, mais bien ce que vous pensez de vous-mêmes. Si vous vous considérez comme de la merde, vous croirez à coup sûr que les autres vous considèrent comme de la merde. L'inverse est aussi vrai : si vous vous considérez comme une personne unique et digne (sans prétention), alors vous constaterez que les autres vous voient aussi de cette manière, car vous êtes aussi importants qu'un président, qu'un plombier, qu'un médecin, qu'un directeur, qu'une vedette ou que votre humble serviteur de prof. Nous n'avons simplement pas le même âge ou la même fonction. Mais, humainement, nous sommes, vous et moi, tout à fait égaux. Le problème, c'est que nous *projetons,* c'est-à-dire que nous mettons dans notre crainte d'être jugés par les autres nos propres peurs, nos propres complexes, nos propres défauts ; nous nous sentons jugés par les autres de la même manière que nous nous jugeons nous-mêmes.

Acceptez de ne pas être aimés de tous. Il y a des gens que vous n'aimez pas ou qui vous dérangent. L'inverse est aussi vrai. Et à force d'essayer de plaire à tout le monde, on finit par perdre son identité. On n'est plus soi-même. On est… une marionnette.

Osez! Affirmez-vous, affichez votre différence, tenez tête aux autres (surtout à vos copains!). Osez faire ce que vous considérez bien pour vous. Ne faites pas que le désirer: agissez! Si vous ne faites rien, il ne se passera rien. N'attendez pas que les autres organisent les choses à votre place. Passez par-dessus votre peur. Si, un jour, vous frappez des barrières dans votre vie, vous les aurez sans doute posées tout seuls. Votre avenir se dessinera grâce à vos actions.

Alors, pas trop endormis déjà? Vous survivez? Je ne fais que commencer…

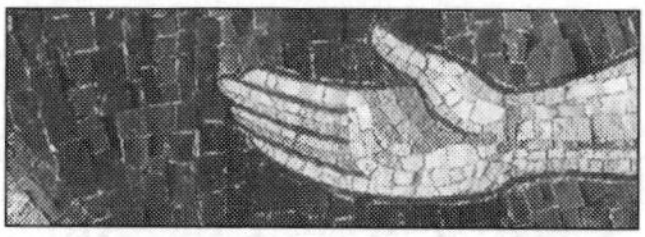

Tu pleures tes déceptions
Chacune des larmes qui coulent porte un nom
Mais pourquoi donc toujours fuir une tempête
Qui n'existe que dans ta tête

Au nom de la raison
Laurence Jalbert

Problèmes et drames personnels

La boule d'émotions négatives qui vous serre constamment la poitrine depuis votre enfance ou depuis quelques années, c'est le temps de la faire éclater avant qu'elle ne vous fasse craquer !

Peu importe la souffrance – aussi dramatique soit-elle – que vous ayez déjà vécue (divorce, violence familiale, agression sexuelle, abus de pouvoir, trahison, complexe, moqueries répétées par des imbéciles qui n'ont, soit dit en passant, pas plus confiance en eux… car eux aussi ont été blessés), il y a toujours moyen de vous en sortir. En fait, il faut que vous vous en sortiez ou en preniez conscience AVANT de quitter le secondaire ou le plus tôt possible. Pourquoi ? Simplement parce que vous en aurez déjà assez avec votre entrée dans le monde adulte, sans en plus ajouter toutes vos bibittes d'enfance ! De toute manière, que vous le vouliez ou non, si vous ne faites rien pour régler vos problèmes, même si vous tentez de les oublier, ils vous rattraperont. C'est comme fuir une tempête qui s'en vient au lieu de foncer dedans : plus vous essaierez de la fuir, plus elle prendra de la vigueur et grossira… et plus elle vous rattrapera, où que vous soyez, peu importe ce que vous vivrez ! Tandis qu'AFFRONTER la tempête permet de voir réapparaître le soleil plus rapidement… et avec une satisfaction de vous-mêmes inégalée. C'est ça, la réalité, mes très chers !

Au fond, c'est pareil partout. Prenez des années sabbatiques tant que vous voulez, en Californie ou en Colombie-Britannique, pour vous évaporer ou pour fuir vos problèmes… et vous vous apercevrez assez vite qu'aucun problème ne se règle en fuyant ; vos problèmes demeurent là pour la simple et bonne raison que vous les traînez avec vous. En plus des problèmes que vous n'aurez pas réglés, il s'en accumulera d'autres. Et lorsque vous aurez des enfants, vous les leur transmettrez, et ce sera dix fois plus difficile de vous débarrasser de vos bibittes, rendus là. Vous voyez maintenant les conséquences ? Le temps arrange les choses ? Archi-faux !

Apprenez à vivre vos émotions et à gérer vos pulsions agressives. Vous savez, elles peuvent se manifester autant dans la sexualité que dans la colère ou la violence. Apprenez à connaître votre corps, vos passions, vos colères, votre propre agressivité. Maîtrisez également votre sexualité (surtout nous, les GARS !) ; pour dix minutes de plaisir, on écorche souvent sa dignité ou on détruit la confiance d'une personne. À l'opposé, cette sexualité peut devenir source d'une réelle complicité. Il ne s'agit surtout pas de devenir comme ces bornés de puritains ! Il s'agit simplement de garder l'équilibre dans toute chose. Quand on est agressif, c'est que quelque chose ne tourne pas rond en soi, un peu comme un détecteur de fumée qui crie fort… signifiant qu'un feu couve quelque part.

Pour vous aider à préserver cet équilibre-là, ne gardez aucune frustration en vous. AUCUNE ! Vous voulez vivre de façon dégagée ? Vous voulez vous débarrasser de vos vieilles affaires d'enfance et d'adolescence ? Alors, réglez vos problèmes ! Pis tout de suite ! Pas dans dix ans ou après vos études ; à ce moment-là, il sera peut-être déjà trop tard…

Encore là, il n'y a pas 36 trucs ; il y en a un seul : PARLEZ ! Allez voir une personne fiable, à qui vous pouvez sans crainte faire confiance, à qui vous pouvez vous confier entièrement : un adulte, un ancien prof (hum !), un psychologue, un travailleur social, un thérapeute, un ami vrai… ou même vos parents, qui sont souvent au premier rang de la liste de vos confidents. (Surpris ? C'est pourtant vrai.) Surtout, ne venez pas me dire que vous n'avez personne à qui parler ! Et, de grâce, lorsque vous êtes tristes, ne camouflez pas votre peine de peur de tanner vos amis.

De toute façon, ce qui est difficile, ce n'est pas de trouver quelqu'un de fiable, c'est de se décider à se confier. Vous me direz : « Oui, mais j'suis pas un malade mental, moi ! J'ai pas besoin de ça ! » Ah oui ? Laissez-moi vous dire que nous avons tous nos problèmes de santé mentale, aussi minimes soient-ils ! Et c'est justement en fuyant une thérapie ou une aide que les malaises, la déprime, la tristesse et le « mal-être » éclatent. C'est aussi lorsque nous nions nos problèmes qu'ils grossissent. Un dicton est juste à ce propos : *ce qui ne s'exprime pas s'imprime ; ce que l'on fuit nous suit ; ce à quoi on fait face s'efface.* Si vous vous foulez une cheville, vous vous rendez voir le médecin sans honte, n'est-ce pas ? Alors, lorsque nous avons un problème avec les morceaux de notre casse-TÊTE, qu'y a-t-il de honteux à consulter un spécialiste pour essayer de les replacer ? Ce n'est pas plus honteux que ça ne l'est pour un rendez-vous à un atelier de mécanique automobile ! Tout dépend de la manière dont nous voyons les choses. Le film *Le destin de Will Hunting* exploite brillamment cette notion.

Ceux qui subissent la violence familiale disent souvent : « C'est pas grave, j'suis habitué ! » Rappelez-vous que nous ressemblons beaucoup plus à nos parents que nous le pensons, et ce, autant négativement que positivement. Si je m'habitue à la violence de ma famille, je ne la verrai plus, car elle fera partie de moi. Et c'est là que je la transmettrai dans mon propre couple et dans ma propre famille. Les filles, vous voulez savoir comment se comportera votre conjoint avec vous dans le quotidien à long terme? Regardez comment il agit avec sa mère et sa sœur. Y a ben des chances qu'il vous traite de la même manière... Encore une autre chose: la première forme de violence – verbale ou physique – que vous subissez de la part de votre chum, c'est de SA faute. La deuxième, ce sera de VOTRE faute! Pourquoi? Vous aurez fait la bêtise de rester avec lui.

Ce serait peut-être le temps, si vous considérez que vous avez été négligés ou que vous avez manqué d'amour dans votre jeunesse, de renouer avec vos parents et même de les faire réfléchir sur l'opportunité de passer du temps et de vivre de bons moments avec vous. À la question: *Comment vous voyez-vous dans vingt ans?* la quasi-totalité des personnes répondent: «Avoir fondé une famille...», car la famille est la base de la formation d'un être humain. En passant, une des réactions des New-Yorkais aux attentats du 11 septembre 2001 aura été de se tourner vers l'essentiel : fonder une famille !

Redécouvrez ainsi votre propre famille. Dans la mesure du possible et du raisonnable, pardonnez à vos parents, à vos frères, à vos sœurs avec lesquels vous avez déjà eu des querelles sérieuses. Se réconcilier avec sa famille, c'est souvent ce qui apporte le soulagement de plusieurs angoisses et anxiétés.

Bon, c'est ben beau, ce que je viens de dire, mais il y a aussi l'autre côté de la médaille, et c'est plus délicat. Il vaut mieux parfois quitter rapidement un milieu familial violent que de s'acharner à y demeurer… et – pire ! – devenir violent à son tour ! N'espérez pas que vos parents violents changeront. Sortez de là ! Il n'y a pas autre chose à faire si vous ne voulez pas leur ressembler. Dans certains cas, c'est malheureusement mieux de rompre avec sa famille… Surtout pour cesser de croire qu'on est un p'tit con parce qu'on se l'est fait dire depuis sa naissance.

Aye! les gars! ô dieux de la virilité! on est dans le troisième millénaire, au cas où vous ne le sauriez pas! Si vous considérez encore que pleurer, c'est pour les *minettes,* alors vous n'avez strictement rien compris! À la suite de nos problèmes vécus, c'est souvent en pleurant qu'on apprend la vie; c'est en riant qu'on la guérit. La chanson *Un homme, ça pleure aussi,* de Dan Bigras, se passe de commentaires:

Ne crois pas, mon petit
que les hommes ne pleurent pas
Crois pas ce qu'on te dit
On t'a toujours menti
Ne crois pas, mon petit
que les hommes ne pleurent pas
À chaque larme, j'ai grandi
Regarde-moi
Un homme, ça pleure aussi
Celui qui te dira: «Je n'ai jamais pleuré»
Celui-là ne sait pas qu'il n'a jamais aimé

«Quétaine, Monsieur Ti-Carl!» Ben oui, ben oui! Quétaine à dire, mais pas à vivre!

J'ajoute un petit détail concernant nos drames vécus, encore une fois plus délicat, et prenez le temps d'en saisir l'importance. Ne vous reprochez jamais d'avoir, dans votre jeunesse, assouvi les pulsions sexuelles d'un adulte abuseur… et même d'avoir aimé ça. À 5 ou 6 ans, on ne réfléchit pas comme à 17 ans. Si cette merde se produisait aujourd'hui dans votre vie, vous réagiriez tout autrement, n'est-ce pas? *« No matter what they take from me, they can't take away my dignity »* (Whitney Houston).

Enfin, deux petites qualités vous aideront à passer à travers ce processus de résolution de problèmes personnels: faire des *efforts* et être *patient.* Nos problèmes ne se règlent pas du jour au lendemain… sans effort en plus! Avec un peu de patience et d'énergie, on finit *toujours* par les régler! En fait, si nous voulons, nous pouvons toujours nous débarrasser de nos vieilles bibittes. À tout le moins, le *négatif* dans notre vie fera toujours partie de nous, mais la confiance en soi et la détermination ajoutent une barre verticale sur ce *négatif*… et le tout se transforme globalement en *positif.* C'est comme se fracturer une jambe: si nous prenons le temps de récupérer et si nous nous donnons les moyens de guérir, alors l'os se ressoudera et sera encore plus solide qu'il l'était à l'origine. Par contre, en niant la gravité de la blessure et en marchant sur notre jambe sans attendre la guérison, c'est là que les conséquences néfastes surviennent… et c'est aussi là que nous restons avec un handicap ou une faiblesse marquée.

C'est exactement la même chose avec les blessures dans ma petite tête. Si je ne suis pas en paix avec ce qui est à l'intérieur de moi, je ne le serai pas avec ce qui est à l'extérieur de moi.

Même si le passé est douloureux, on peut toujours choisir de le laisser derrière et de regarder droit devant. On avance mieux quand on regarde devant soi, non ? Sinon, ne vous demandez pas pour quelles raisons vous tombez sur le c… le coussinet !

Ça va ? Gardez toujours l'intro en tête.

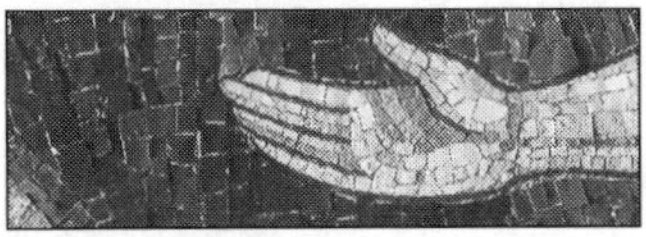

Temps de silence et de solitude

Notre grosse faiblesse aujourd'hui, je veux dire dans le style de vie d'aujourd'hui, c'est que tout va tellement vite que nous ne prenons plus le temps de nous centrer sur l'essentiel.

Je parlais plus tôt de « replacer les morceaux de notre casse-TÊTE ». Une fois que le ménage est relativement bien fait dans notre caboche, le seul moyen de l'entretenir convenablement, c'est de nous garder des moments où nous sommes seuls. Complètement seuls ! Être avec son chum ou sa blonde, ce n'est pas « être seul ». Être seul, ça veut dire, ben, ÊTRE SEUL ! Nous ne faisons pas le ménage de notre maison quand nous avons des invités. C'est exactement la même chose avec nos temps de réflexion : il faut absolument être seul.

C'est aussi la même affaire en amour : pour bien replacer notre tête et faire du ménage dans nos émotions amoureuses, il faut du temps de repos et de solitude. En bon québécois: *un break*!

Mais être seul avec un livre, un jeu vidéo, de la musique plein les oreilles, devant un écran ou endormi comme un bébé, ça non plus, ce n'est pas « être seul ». Donc, pour bien entretenir notre tête, notre solitude doit être silencieuse. C'est à ce moment-là que notre conscience et notre subconscient sortent de leur terrier. Pas avant!

Pourquoi pensez-vous que plein de gens fuient la solitude et le silence comme la peste? C'est simple: uniquement parce que leur personnalité et leur propre réalité remontent à la surface. Et c'est là que ça fait mal! Je crois que bien des gens ont tout simplement peur de se faire dire, par eux-mêmes, QUI ils sont. Et pourtant, c'est le seul et unique moyen d'enlever la poussière dans notre petite tête. Si je ne suis pas capable d'être seul pendant toute une fin de semaine, il faudrait peut-être que je m'interroge un peu.

On consacre souvent du temps à ses loisirs, à son travail, à ses études, à ses amis, à ses amours, aux gens dans le besoin. Mais à soi? C'est aussi important et fondamental de se donner du temps à soi et pour soi.

Au fond, ces temps de solitude silencieuse, c'est comme faire la vaisselle: plus on attend, moins on veut la faire et moins on se sent motivé ou capable de la faire… parce qu'il y en a trop! Plus on la fait souvent, régulièrement, plus ça devient une habitude… et plus ça devient facile. Une belle façon de se retrouver soi-même, c'est de redécouvrir la nature, l'extérieur, la terre.

Donc, réservez-vous un temps de silence, seuls, régulièrement. Une fois par mois, ce n'est pas assez! Pour quelle raison les communautés religieuses se gardent-elles un temps de réflexion une fois par semaine, parfois plus? Parce que ces moments permettent aux personnes de réfléchir sur elles-mêmes et de faire le point sur leur vie…

Vous comprenez?

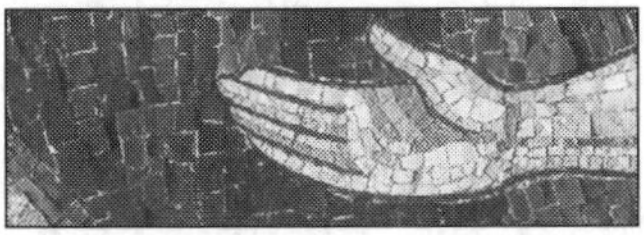

Together we stand
Divided we fall
Hey you
Pink Floyd

Money, so they say
Is the root of all evil today
Money
Pink Floyd

Chercher à ÊTRE… avant d'avoir

L'argent ne fait pas le bonheur. Tout le monde connaît ce dicton, mais personne ne veut le mettre en pratique. L'argent apporte le bonheur? Si vous croyez ça, vous êtes carrément dans le champ! L'argent apporte du plaisir. C'est tout! Tout le monde veut devenir millionnaire en croyant à tort que le bonheur tombera enfin du ciel!

Je vous entends me dire: «Vous ne seriez pas content d'être millionnaire?» Oui, c'est sûr, mais pas dans le but d'être heureux avec ça. Si je veux travailler à mon bonheur, je ne dois pas espérer devenir riche, sinon je ne le développerai pas. Si je suis déjà heureux dans ma vie, je le serai encore, une fois riche. Si j'attends d'avoir beaucoup d'argent pour obtenir le bonheur, je ne l'aurai jamais. Pourquoi, pensez-vous? Vous connaissez déjà la réponse: parce que le bonheur ne s'achète pas. Il s'agit d'une valeur humaine au même titre que l'amour, l'amitié, la joie, l'honnêteté et... la vie! Devenez millionnaires et vous constaterez que les gens, vos «amis», ne se tiennent pas avec vous pour VOUS, mais bien pour ce que vous leur apporterez financièrement. Encore là, tout le monde sait ça, c'est aussi évident que 2 + 2 = 4! Mais est-ce que tout le monde le comprend réellement? Pas certain... Le roman *Bazaar* de Stephen King fait justement allusion à cet amour-propre orienté vers le matériel.

Bien sûr que ça prend de l'argent pour vivre, et bien vivre! L'argent permet de soulager la misère, d'avoir une meilleure qualité de vie, de s'investir dans des loisirs sains et de ne pas constamment ressentir une pression économique qui nous étouffe. Mais il y a une différence entre répondre confortablement à ses besoins essentiels et vivre dans le luxe !

Ne cherchez pas à « faire de l'argent » simplement pour le *trip* de « faire de l'argent ». Si c'est votre motivation dans la vie, ne vous demandez pas pourquoi vos relations et vos raisons de vivre sont si fragiles ! Le luxe diminue l'instinct de survie, donc la volonté de vivre. Tout ça sans même qu'on s'en rende compte. Le problème n'est pas de faire des profits ou même d'être riche. Le problème, c'est vouloir à tout prix être riche, c'est en faire un but ultime. Et lorsque mon seul et unique but est de « faire de l'argent », je deviens automatiquement un mauvais travailleur (parce que je n'aime pas ce que je fais), un mauvais employeur (parce que je me fous des personnes qui travaillent pour moi ; tout ce qui compte, c'est le capital qu'elles me rapportent)… et même, malheureusement, une mauvaise personne. Pourquoi, une mauvaise personne ? Parce que je fais bêtement passer l'argent avant l'humain. Encore une fois, si c'est mon seul et unique but dans la vie. Il faut nuancer, là. Ne lisez pas trop vite.

Les valeurs sociales nous invitent, en nous bombardant d'images de toutes sortes, à adopter un style de vie axé sur la consommation, le matériel et l'apparence. C'est comme si on nous demandait d'être tous pareils, d'être tous des mannequins bien taillés… d'être tous « PARFAITS » ! Et c'est justement quand nous nous rentrons cette valeur de perfection dans le ciboulot que nous déprimons et que nous développons des complexes. Comme je le disais plus haut, tout se centre sur le plan de la confiance en soi. *Et pendant que je cherche à être parfait, la vie passe… et il ne se passe rien dans ma vie.* Vous savez, il y a une différence entre *réussir dans la vie* et *réussir sa vie.*

La perfection, ça n'existe pas. Ah ! dans les films, oui. Mais tout est retravaillé par ordinateur, scénario inclus, selon des valeurs conditionnées par la mode. En 1930, une « belle femme » n'avait pas les mêmes caractéristiques physiques qu'aujourd'hui ; les mannequins actuels auraient été, à l'époque, qualifiés de squelettiques, d'anémiques ou même de malades ! Dans la réalité, la perfection n'existe pas. C'est pour cette raison qu'il ne faut pas chercher à l'atteindre selon le mode de vie proposé par les valeurs sociales ou cinématographiques ; et quand nous tentons de devenir parfaits, nous sommes constamment déçus, parce qu'il y a toujours quelqu'un de mieux que nous. Au lieu d'essayer d'être parfaits, travaillez donc à devenir BONS. Bons d'abord pour vous-mêmes ; bons pour ceux qui vous entourent également. La bonté, ça se développe et ça fait de nous de meilleures personnes, pas la perfection. Remarquez qu'on ne reproche jamais à quelqu'un d'être correct ; on lui reproche par contre d'être trop perfectionniste ou orgueilleux.

Vous voulez vraiment être heureux ? VRAIMENT ? Alors, placez vos énergies aux bons endroits. Pourquoi les enfants sont-ils si affectés par le manque d'amour ? C'est simple : certains parents, privilégiant excessivement la vie professionnelle et matérialiste à la vie familiale, travaillent tellement pour faire de l'argent qu'ils laissent leurs rejetons pratiquement tous les soirs à une gardienne ou seuls à la maison, lorsque les enfants sont plus vieux. Comment voulez-vous donner de l'amour à vos enfants si vous n'êtes pas là ? Voyons, c'est un non-sens ! Si un jour vous choisissez de fonder une famille, ne faites pas la gaffe de ces parents qui affirment : « Moi, je vais tout donner à mes enfants ! Ils ne manqueront jamais de rien ! » Ces parents gavent leurs flos de matériel et en font des p'tits capricieux qui ne sont jamais contents, pas débrouillards et en manque flagrant d'autonomie. Donc, ne donnez pas tout et ne permettez pas tout à vos enfants, sinon cela fait d'eux des individus qui se croient tout permis, en société comme en amour.

Au lieu de les noyer de matériel comme le font certains parents qui veulent à tout *prix* être en « bons termes » avec leurs enfants, donnez-leur l'essentiel : vous-mêmes, par votre présence. C'est la seule possibilité pour réellement donner de l'amour à quelqu'un. Pas autrement ! L'expérience humaine, sur ce plan, se résume bien dans l'expression *loin des yeux, loin du cœur.* L'amour ne circule pas sur Internet ni dans un fil téléphonique ; il ne peut exister qu'entre deux personnes seulement, par leur présence mutuelle. Cela implique qu'on ne peut faire de la haute performance professionnelle sans être absent à sa famille.

La solution ? Rester cloîtré dans des taudis sans électricité ? Faut pas être con, quand même ! Mais une vie simple permet à l'amour de circuler… *« It's not having what you want. It's wanting what you've got »* (Sheryl Crow).

Vous voulez VRAIMENT être heureux ? Des fois, j'en doute sérieusement ! Mais si c'est le cas, alors acceptez de ne pas tout avoir. Centrez-vous sur l'essentiel dans la vie. Faites passer l'HUMAIN avant le matériel. De cette manière, UNIQUEMENT, vous pourrez être heureux. Pas avant !

À bien y penser, on est davantage riche de ses relations humaines que riche d'argent.

Quand on A trop, on EST moins.

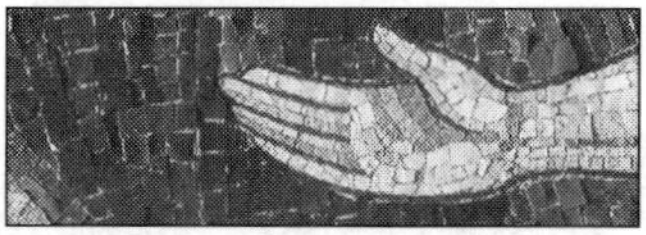

Mais j'veux changer de branche
Filtrer mon passé pis sortir mes vidanges
J'aimerais prendre le temps
De faire la paix avec quelques souffrances

Seigneur
Kevin Parent

Le deuil et la souffrance

Vous comme moi, socialement parlant, nous avons grandi dans la ouate ! Pour la plupart, nous avons été éduqués et engraissés dans nos chambres transformées en salles de jeux, avec notre ordinateur personnel, notre télé, nos montagnes de jeux et de films, notre gavage au McDonald's, nos soins hospitaliers gratuits, etc., etc., ETC ! Bref, nous vivons, vous comme moi, dans une société bien organisée qui tente de réduire le plus possible le niveau de souffrance de ses membres, et ainsi augmenter le niveau de confort. Ce qui est très bien, soit dit en passant. Paradoxalement, cela cause une augmentation dramatique de la paresse. En d'autres termes, toujours d'un point de vue social, nous sommes tous, en pratique, des Garfield !

L'avantage de cela, c'est que nous pouvons utiliser notre temps à autre chose que combattre la souffrance. Le désavantage, c'est que nous ne savons plus faire face à nos propres difficultés ! Lorsque nous avons une migraine, nous voulons mourir ! Lorsque nous subissons un échec… nous voulons mourir. Lorsque l'être aimé « ose » nous laisser… nous voulons mourir… et des fois nous le faisons vraiment, hein ! Et lorsque nous sortons de ce milieu moelleux de notre enfance où nous *avons* absolument tout, lorsque nous devenons des jeunes adultes en sortant du secondaire, alors nous voyons la réalité telle qu'elle est. On constate tous les efforts que nous devons fournir pour prendre notre vie en main, pour prendre nos responsabilités, et c'est là que nous craquons. C'est là que le danger du suicide est le plus menaçant !

Saviez-vous que le suicide, dans les camps de concentration nazis tout comme lors des génocides au Kosovo, était à peu près inexistant ? Et nous, nous possédons l'un des plus hauts taux de suicides au monde ! Bravo ! Pourquoi ? C'est pourtant simple : 1- nous ne savons pas ce qu'est souffrir ; 2- nous ne savons pas comment faire des efforts pour nous sortir de nos difficultés.

Apprenez à accepter la souffrance. Apprenez à faire face à vos échecs, à vos difficultés et surtout à vos peines d'amour ! Et faites-le à jeun ! Ça s'apprend aussi facilement qu'apprendre à patiner. Mais si vous voulez faire les séries au hockey sans au préalable vous être entraînés, alors ne pleurnichez pas sur votre sort ! Apprenez à faire des efforts ! Développez-vous une discipline personnelle qui fait de vous des personnes capables de se prendre en main. Et pour ça, vous devez accepter de faire des sacrifices et des deuils.

Une bonne manière de réussir à passer au travers des difficultés qu'on rencontrera dans sa vie, c'est d'*accepter la réalité telle qu'elle est.* En fait, avez-vous le choix ? Que vous tombiez dans une déprime aiguë ou pire, ça changera quoi ?

Acceptez d'être refusés pour un emploi, de ne pas être admis dans un cégep ou une université ; acceptez de ne pas avoir une maison-château, une voiture de rêve et un salaire de 100 000 $ à la fin de vos études. Acceptez-le !

Toutefois, accepter la réalité et ses difficultés ne signifie pas abandonner. C'est sûr que vous allez « tomber », dans la vie. Toutefois, ce qui est catastrophique, ce n'est pas de tomber ; le plus catastrophique, c'est de ne pas se relever. En réalité, l'important, c'est de continuer d'avancer, pas à pas, petit à petit.

Avez-vous déjà remarqué qu'on a perdu l'instinct d'apprendre à évoluer qu'on possédait plus jeune ? Peu importe les prunes sur le front, l'enfant s'acharne à marcher, n'arrête jamais, même s'il se retrouve les gencives en symbiose avec le prélart aux cinq minutes ! En vieillissant, c'est comme si on perdait ce réflexe de survie ; on doit dorénavant combattre pour survivre. Et c'est là que plusieurs abandonnent.

Accepter la réalité ? Oui. Mais en considérant qu'il y a toujours moyen d'avancer et de s'en sortir. TOUJOURS !

Accepter la réalité ne signifie pas *tout* accepter : travailler à vivre avec le suicide d'une personne intime et très proche de vous ne veut pas dire accepter la méthode suicidaire, qui sera toujours inadmissible.

La mort, c'est aussi inévitable et naturel que de respirer. Ça fait partie de la vie. S'il y a une chose, une seule, dont vous pouvez être le plus certains dans votre vie, c'est qu'un jour vous mourrez. Mais ce qui fait le plus mal, c'est de constater qu'une personne qu'on aime décide d'en finir avec la vie. C'est d'autant plus difficile qu'on se le reproche et qu'on se sent coupable de n'avoir pu rien y faire. Comme si on n'avait rien fait…

Après, l'idée nous passe souvent par la tête : « S'il l'a fait, pourquoi pas moi ? » Souvenez-vous de ceci : la personne que vous aimiez – votre père, votre frère, votre ami – avait la ferme conviction que son départ ne dérangerait personne, que personne ne l'aimait assez pour le pleurer. Et pourtant, vous étiez là, les premiers, à crier votre peine. Ça fait toujours mal… C'est la même chose avec vous : si vous considérez que vous ne valez rien, que votre départ ne dérangera personne, alors vous vous trompez. Tout comme votre père, votre frère, votre ami s'était aussi trompé en croyant que vous ne l'aimiez pas assez pour qu'il continue à vivre.

Mais que retenez-vous de votre vie avec cette personne qui est partie ? Est-ce que son passage, son bout de chemin, son partage de vie avec vous ne vous a laissé que la mort dans l'âme ? C'est tout ce que vous retenez d'elle ? La mort ? Elle ne vous a laissé que la volonté de mourir ? Pourquoi l'aimiez-vous, dans ce cas ? Parce qu'elle vous faisait vivre, non ? Alors, pourquoi ne pas garder cela en mémoire ? Pourquoi ne pas adopter ce style de personnalité et de vie que vous aimiez tant d'elle ? Honnêtement, que vous dirait-elle si vous lui annonciez votre intention de vous enlever la vie ? Dites-vous que si vous mouriez demain, votre patron n'aurait aucune difficulté à vous remplacer... mais votre famille et vos amis, eux, ne réussiront jamais !

Acceptez la vie telle qu'elle est en sachant que la souffrance est toujours temporaire. En abandonnant, vous passez à côté de toutes vos chances et de votre pouvoir de changer les choses. Mort, on ne peut rien, et c'est définitif, sans appel, sans retour. Vivant, on peut TOUT ! N'oubliez pas une loi de la nature, *l'effet chaos*: le simple battement d'ailes d'un papillon a une répercussion, par réactions en chaîne, sur l'ensemble de l'écosystème. Le même phénomène se produit avec vos décisions : par réactions en chaîne de vos choix qui font de vous de meilleures personnes, vous contribuez directement à rendre le monde meilleur. Vous en doutez ? Alors, vous doutez d'une loi de la nature.

Vous savez, quand je vous disais plus haut d'accepter de ne pas tout avoir, c'est un peu la même chose ici. Faire des deuils et des sacrifices, ça veut dire placer des priorités dans notre vie. Si votre seul souci est de *triper* dans des partys remplis de boucane, alors ne soyez pas frustrés lorsque vous coulez vos examens ! Si vous ne voulez pas étudier, travailler et bûcher pour votre vie, vivez avec les conséquences et assumez-les.

Dans un documentaire intitulé *Fuck la rue,* présentant deux filles en fugue à Montréal,

Véronique énonce une affirmation tout à fait géniale : « *La vie, c'est un temps. T'as le choix de bien faire ou de mal faire ton temps, pis ensuite y a des conséquences. T'as rien pour rien ; tu récoltes ce que tu sèmes : quand tu donnes une rose, y te revient un bouquet, pis quand tu donnes une aiguille, y te revient un couteau. C'est comme ça…* » Quand je vous dis que c'est une affirmation géniale, c'est qu'elle est tout à fait vraie ! Nous voulons TOUT en ne faisant RIEN ! Nous lançons des objets dans les airs en n'acceptant pas que la force de gravité les ramène au sol ! Ce n'est pas de même que ça marche, les p'tits amis ! Allô ! On se réveille, là ! La vraie vie ne se passe pas comme dans un film !

Quand nous y songeons comme il faut, nous nous rendons compte que l'orgueil et l'égoïsme occasionnent la presque totalité du mal à la fois personnel et mondial. La cause ? La paresse ! C'est plus facile d'être violent que d'être doux, c'est plus facile de prendre que de donner, c'est plus facile de blâmer les autres que de reconnaître ses torts… et c'est plus facile de réclamer l'amour que d'aimer. Et cette paresse-là, malheureusement, est causée par notre mode de vie axé sur la télécommande ! La technologie est très utile et agréable, je n'en doute pas. D'un autre côté, elle fait de nous des êtres paresseux et dépendants, et c'est là qu'il faut apprendre à doser. Concrètement, c'est bien d'écrire à sa mère via Internet. Ce qui est mieux, c'est d'aller l'embrasser.

Encore une fois, dépasser une souffrance, vivre des deuils, faire des efforts, ça s'apprend. Et vous avez grand intérêt à l'apprendre ! Pourquoi ? C'est juste que votre vie personnelle en dépend ! Y a rien là au fond, hein ! T'sais…

Dans le fil de la vie, je veux m'y retrouver
Les yeux ouverts, un premier pas
Un peu de lumière
Malgré, malgré tout
Malgré le temps qui ment
Le temps qui dit vrai
Malgré, malgré tout
Jour après jour et malgré tout
Rester debout !

Richard Séguin

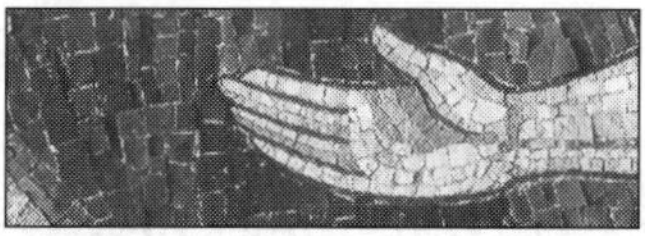

Il y a plein de choses que je pourrais faire
Pour chasser l'ennui
Au lieu de boire tous les soirs
En regardant passer ma vie

Fréquenter l'oubli
Kevin Parent

La drogue ?

Écoutez, je ne veux pas être trouble-fête, mais vous le savez : la drogue, *c'est d'la marde* ! Vous le SAVEZ ! Pis vous n'êtes seulement pas fichus de vous en débarrasser ! Les haut placés des organisations criminalisées interdisent à leurs enfants de toucher à ça parce qu'ils savent pertinemment que le seul et unique but dans le monde de la drogue, c'est de faire du *cash* sur le dos des plus fragiles psychologiquement ! N'importe quel enquêteur de la SQ vous confirmera cette affirmation… puisqu'elle vient de là !

Pourquoi prend-on de la drogue ? Parce que c'est le fun, parce que ça fait vivre son petit plaisir dans le moment présent, parce qu'on se fout des conséquences, parce que ça fait oublier qu'on a des problèmes pendant quelques heures ! Oh ! les beaux p'tits motifs ! Pourquoi un gars viole-t-il une fille ? Parce qu'il trouve ça le fun, parce que ça lui fait vivre son petit plaisir dans le moment présent, parce qu'il se fout des conséquences, parce que ça lui fait oublier pendant quelques heures que c'est un con frustré sexuellement !

Quand on en est rendu à s'engourdir les neurones toutes les fins de semaine et même à l'école, il commence à y avoir un problème ! Dès qu'une régularité s'installe, la dépendance prend aussi racine. Dès que j'en arrive à dire : « J'ai le contrôle », c'est que je ne l'ai plus… car je sais déjà que j'en prends trop.

La cigarette cause le cancer du poumon ! Ça, nous le savons. Et la fumée de la marijuana est pire !

Que la marijuana soit légalisée ou non, ça ne change strictement rien à la réflexion. Nous voulons constamment vivre des sensations fortes, à la manière d'un jeune enfant qui n'arrive pas à se contenter de ce qu'il a ! Nous en sommes même rendus à boire et à fumer... seuls ! C'est la pire des gaffes et le principal symptôme d'une dépendance profonde. À chaque petite frustration insignifiante, nous nous disons : « J'vais en virer une maudite en fin de semaine ! » Si l'alarme n'a pas déjà sonné dans votre tête, c'est qu'il est grand temps de changer la pile du détecteur !

C'est ça, continuez à être chauds ou gelés... ou les deux, devenez accros sans même vous en rendre compte, tout en croyant qu'il n'y a rien là et que vous avez le contrôle, alors que c'est en réalité un petit gramme qui vous possède ! Sachez cependant que vous vous prostituez et que vous n'êtes pas mieux qu'un père incestueux ! « Wo ! Wo ! Monsieur Ti-Carl, vous charriez un peu, là ! » Ah oui ? Au lieu de pogner les nerfs en lisant ça, pensez-y donc un peu plus profondément. Un père incestueux profite de la naïveté de sa petite fille en lui faisant croire que ses jeux sexuels sont agréables et bons pour elle... et pour lui. Des années plus tard, la petite fille se rend compte qu'elle a été abusée sexuellement. Le plus dramatique pour elle, on y a déjà fait allusion, c'est qu'elle se reproche d'avoir parfois aimé ça ! Et les idées suicidaires surviennent, car elle se considère véritablement comme une pute !

C'est la même maudite affaire avec la drogue. Pour payer ses dettes, on va profiter de la naïveté et de l'état de crise des plus jeunes, leur faire croire que la dope, c'est bon pour eux. Ça ressemble à un gars qui profite du fait qu'une fille est chaude durant un party pour la tripoter ; ensuite, il se dit son ami ! Quelle connerie ! On se fout carrément des conséquences, des dettes qu'ils auront et du suicide possible qu'ils commettront lorsqu'ils croiront que leur vie est finie... parce qu'on a abusé d'eux ! Y charrie, le Ti-Carl ? Réfléchissez-y donc deux minutes ! Quel est le but réel de vendre aux plus jeunes ? Améliorer leur qualité de vie ? Faire d'eux de meilleurs individus ? Aye ! Prenez-moi pas pour une valise ! Tout est une question de *cash* ! Et vous êtes les premiers à dénoncer la société de consommation qui n'est animée que par le fric. On n'est pas mieux en vendant aux plus jeunes !

Comme l'a dit Kevin Parent dans une entrevue : « C'est rendu qu'on a besoin de se soûler pis de se geler pour communiquer et pour s'amuser ! Ça me fait chier, ça ! »

C'est vrai que ça fait chier ! D'autant plus que vous dénoncez vous-mêmes le manque de communication et vous n'êtes seulement pas foutus d'utiliser les bons outils !

« Oui, mais, Monsieur Ti-Carl, faut ben faire nos expériences, quand même ! » Ouin ! mettons ! Mais quand ça fait trois pis cinq ans que ça dure, méchante « expérience » ! On parle plus de *dépendance* que d'expérience, là ! C'est un peu comme la découverte de la masturbation : petit plaisir solitaire qui procure quelques minutes de sensations intenses ! Mais rendu à quatre fois par jour, on n'appelle plus ça la « découverte » de son corps, hein ! À ce compte-là, légalisons la masturbation en public ! Ça dérangera qui, au fond ? Vous voyez la scène ? Très édifiant !

Une personne, après avoir raté un examen, vient me voir pour me dire qu'elle a pourtant étudié, mais qu'elle ne comprend rien. Et c'est pareil pour ses autres cours ! Ses yeux sont toutefois remplis de veines rouges de la grosseur de boyaux d'arrosage ! Ça aide, le pot ? Y a pas une entreprise qui tolère ses employés intoxiqués à quoi que ce soit !

Que vous expérimentiez votre potentiel, c'est bien. Mais ça ne doit pas devenir votre POT-en-ciel ! Faut en revenir un jour ! Vous seriez surpris de savoir combien de filles du SECONDAIRE couchent avec des gars plus vieux pour payer leurs dettes de dope ! C'est pour passer un simple *trip de cul*? Désolé, mais moi, j'appelle ça bêtement de la prostitution ! Parce que ça en est !

Je dirais qu'on retrouve, entre autres, trois grandes caractéristiques particulières chez ceux qui consomment – alcool ou drogue – de façon régulière.

1- La *dépendance aux copains* (et je n'ai pas dit « amis », car il y a toute une différence !). Je ne sais pas si vous êtes au courant que certains étudiants choisissent leur lieu d'études collégiales en fonction de leurs copains. Ça se fait très souvent ! Certains vont même changer de programme d'études pour ne pas être séparés de leurs *tis-amis* ! *Attaboy* ! Eux autres, y l'ont, l'affaire ! Ces mêmes *tis-amis* n'acceptent pas les choix différents des leurs et boudent ceux qui décident de faire autre chose que de ne rien faire de leur vie !

Je ne dis pas que c'est mal d'avoir des partys avec ses copains (à me lire depuis le début du livre, j'espère que vous avez compris que c'est moi le cabotin dans les partys !). Je dis de faire des choix en fonction de soi, pas en fonction des *tis-amis* !

2- Conséquence directe de la première caractéristique : *la difficulté à être seul.* Remarquez que bien des consommateurs paniquent littéralement lorsqu'ils sont seuls. La raison ? Relisez la section *Problèmes et drames personnels.*

3- *La difficulté à accepter une frustration.* Qu'il s'agisse d'un échec ou d'une dispute, les consommateurs refusent de se faire dire non… donc ils sont frustrés… donc ils consomment pour s'éclater au lieu de faire éclater le problème…

donc ils croient avoir le contrôle… donc ils ne l'ont pas… donc ils deviennent accros !

Vous croyez évoluer en vous gelant ? Vous devenez de meilleures personnes, construisant l'humanité en vous et autour de vous ? Vous croyez avoir le contrôle ? Vraiment ? Désolé de vous apprendre le contraire, les tout-p'tits ! Un vide, ça se remplit autrement : d'abord en se développant soi-même. Quant à elle, la drogue ne fait qu'agrandir le vide !

Dernier principe – retenez-le, celui-là : ce que l'on dit sous l'effet de l'alcool, de la drogue, du stress, de la colère ou d'un SPM, on le pense vraiment.

Bon, alors, ceux qui n'ont pas déjà lancé le livre au bout de leurs bras par frustration ont bien compris les consignes de lecture énumérées dans l'introduction. Je répète : c'est seulement une stratégie de réflexion. Les autres, *allez en prison directement, ne passez pas GO, ne réclamez pas 200 $.*

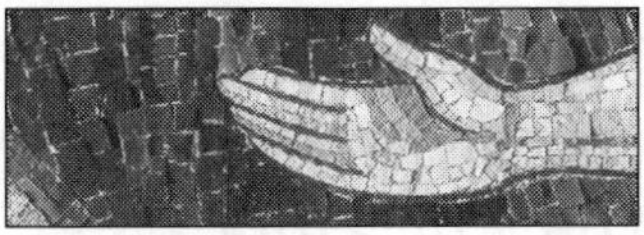

Les temps sont fous
Aide-moi!

Daniel Bélanger

L'avenir...

Le futur n'existe pas en lui-même, comme quelque chose de tracé à l'avance ou de déjà décidé. Il est seulement le résultat des choix que nous faisons dans le présent. Si vous croyez au destin où tout est «écrit» d'avance, alors vous sous-estimez le pouvoir de vos choix. Si tout est prédéterminé, alors nous ne sommes plus des êtres conscients, capables de choisir entre le bien et le mal. De toute façon, avez-vous remarqué que toutes les prédictions de fin du monde ou de cataclysme mondial précédant le tournant du millénaire ne se sont pas produites? Même ceux qui interprètent les vers de Nostradamus restent sur leur appétit! Non, le futur ne se prédit pas parce qu'il N'EST PAS.

Même si vous entendez proclamer: « Dans vingt ans, ça va être l'enfer sur terre », dites-vous bien qu'on a déjà dit ça il y a mille ans et que tout peut changer en quelques minutes (les événements du 11 septembre 2001 aux States de même que la chute du régime militaire de Saddam Hussein en Irak en avril 2003 en témoignent).

Tout cela pour dire que ça ne sert à rien de s'inquiéter en supposant que ce sera l'enfer sur terre dans l'avenir. Pourquoi avoir peur de demain alors qu'on ne sait même pas ce qui va se produire réellement dans une heure?

Le même phénomène se produit avec ceux qui ne vivent que dans le passé; ce sont des nostalgiques, des personnes qui idéalisent le passé pour laisser croire que le futur ne sera jamais mieux. De leur bouche sortent des affirmations du style: « Quand j'étais jeune, c'était mieux! » ou: « Dans mon temps... »

Les personnes optimistes croient que l'avenir sera meilleur justement parce qu'elles croient en elles-mêmes au moment présent.

Les personnes pessimistes ont constamment peur de ce qui va leur arriver. Elles croient que tout va en se détériorant, que la vie ne vaut pas la peine d'être vécue, que tout va mal partout dans le monde, etc., etc.

Parlant de cette perception que *tout va mal dans le monde,* rappelez-vous toujours ceci : l'expression « société pourrie » n'est qu'une interprétation des médias et de notre soif de parler du mal. Les bulletins de nouvelles ne présentent que le millième de la réalité. Tout le reste de la vie humaine se passe bien. Vous ne verrez jamais au téléjournal un père et un fils se réconcilier : trop ordinaire ! Vous allez les voir se tuer, par exemple ! Et lorsqu'on perd ça de vue, on pense que la société est pourrie, que le monde entier est pourri. Alors que c'est tout le contraire...

C'est drôle, hein ! On croit davantage ce qui est véhiculé dans les chansons et dans les films que la réalité elle-même ! Dans la vie, il y a beaucoup plus de belles choses que de mauvaises. Mais quand on apprend qu'un violeur a agressé une femme, on suppose trop vite que tous les gars sont des violeurs et qu'il y a partout risque de se faire agresser !

Lorsque je fais la petite prière du soir avec mes enfants (parce que je la fais !), je ne leur apprends pas à réciter un poème religieux à l'eau de rose ; j'énumère avec eux les beaux moments qu'ils ont vécus dans la journée. Ils dormiront avec autre chose que du négatif dans la tête. Vous saisissez l'idée ?

Ici, au Québec, on fait tellement pitié socialement. Nous avons des mesures d'aide sociale de dernier recours après le chômage ; nous pouvons accéder aux prêts et bourses pour les études supérieures (allez étudier aux États-Unis, pour le fun !) ; notre système de santé, aussi imparfait soit-il, ne nous coûte en pratique pas une maudite « cenne » chaque fois que nous nous rendons à l'hôpital – tout le monde participe à l'effort de guerre pour la santé (ceux qui ont déjà été hospitalisés aux States savent de quoi je parle !) ; la femme est égale à l'homme et a les mêmes droits, ce qui n'est pas le cas en Algérie, en Chine, en Amérique du Sud ; les enfants sont protégés par la DPJ et ne sont pas vendus comme esclaves, comme main-d'œuvre à bon marché employée par une multinationale ou comme objets sexuels; nous avons la liberté d'exprimer nos désaccords politiques sans être emprisonnés; nous ne sommes pas en guerre, assiégés par un ennemi qui veut se débarrasser de nous; nous avons la possibilité de choisir notre conjoint, alors que, dans plusieurs pays, c'est le père qui décide du sort conjugal de ses enfants.

J'ai pas fini! Sur cent personnes sur la planète, vingt vivent dans des maisons confortables; trente savent lire et écrire; cinquante souffrent de malnutrition; une possède un ordinateur. Socialement, vous vous situez où là-dedans?

Notre société québécoise est pourrie? Non, mais, vous êtes dans le champ ben raide! Méchants aveugles, ceux qui affirment ça! Nous avons tout, comme structure sociale, pour assurer le respect de nos droits les plus fondamentaux, pour nous soigner, pour nous instruire gratuitement et pour combler nos besoins primaires.

Lisez bien ceci : vous avez plus de chances de réussir vos études que de les couler ; vous avez plus de chances de trouver du travail que de ne pas en trouver ; vous avez plus de chances d'être heureux que d'être malheureux. En fait, nous croyons que tous les malheurs vont nous tomber dessus alors que toutes les probabilités prouvent le contraire. La vie, elle est rose et, la vie, elle est toute belle ? Ben non ! Mais elle est plus belle que laide. Rappelez-vous encore une fois cette feuille blanche sur laquelle on dessine des petits points noirs : lorsque nous regardons la feuille, nous ne voyons que les points noirs, nous les exagérons pour en faire la seule réalité qui existe alors que nous oublions la page blanche qui forme la vraie réalité. N'oubliez pas la page blanche ; n'oubliez pas la réalité, la vraie...

Et pour bien voir la vraie page blanche, il ne faut pas vivre dans le passé ni dans le futur, mais dans le présent. Les dictons *vivre au jour le jour* et *à chaque jour suffit sa peine* n'existent pas pour rien. Bien sûr, il faut avoir de l'ambition et des projets. Mais ne regrettez pas le passé ; ça le dit, c'est passé, et on ne peut jamais revenir en arrière. Ne craignez pas le futur; l'avenir n'est pas encore bâti.

En fait, votre futur ne dépendra que de vos choix présents.

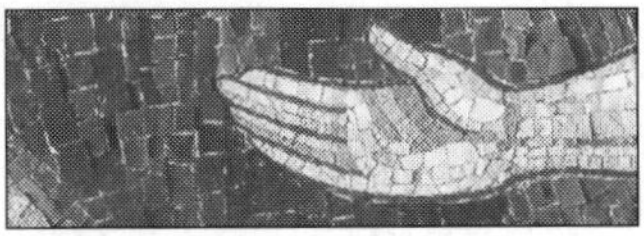

L'amitié

Un copain, ce n'est pas un ami. Des copains, je peux en avoir en quantité industrielle. Toutefois, si je dépasse le nombre de quatre ou cinq *amis,* je commence à confondre amitié et camaraderie.

L'amitié est nécessaire. À vrai dire, il vaut mieux avoir un ami que cinquante copains.

Avec les membres de notre gang, nous partageons les mêmes activités, nous sentons que nous faisons partie d'une collectivité. Et c'est très bien. Mais si, par crainte d'être *reject,* nous cherchons à être pareils aux autres en n'étant plus nous-mêmes, là, il y a un problème. La gang nous respecte uniquement lorsque nous lui ressemblons. Quand nous changeons dans notre vie, nos copains ne changent pas avec nous. Par contre, nos amis vivent ce changement avec nous.

Si je cherche des *amis* dans une gang, je ne suis pas au bon endroit. Confiez un secret à quelqu'un de votre groupe et vous constaterez assez rapidement que votre secret ne sera plus secret. Y a pas pire mémères que des personnes en groupe, peu importe l'âge ! Inutile de spécifier qu'en gang l'âge mental diminue de façon significative. Peu importe l'âge, là aussi. On dit et on fait des choses qu'on ne ferait jamais seul. Ça vous rappelle quelque chose ? Faire toujours comme les autres fait en sorte qu'on est constamment déçu de soi-même.

La confiance et la fidélité sont les fondations de l'amitié vraie. La confiance permet à la relation d'évoluer et de grandir ; la fidélité fait durer cette relation malgré les difficultés, les changements et même les chicanes.

À l'inverse, la plus grande souffrance avec un ami, c'est la trahison. Justement parce que la confiance est directement atteinte, ce qui est moins le cas avec les camarades. Mais souvent, dans une amitié vraie, il ne s'agit pas de trahison. Prenons l'exemple de Marie qui court chercher de l'aide chez un travailleur social pour une amie qui venait de lui confier ses idées suicidaires. Cette amie sera probablement choquée au début, se sentira certainement trahie. Cependant, et là est la maturité d'une amitié vraie, Marie pourra lui dire : « Je préfère que tu me détestes que de te voir morte ! » Dites-vous que, lorsque cette amie repensera à tout ça, elle reviendra voir Marie pour lui dire qu'elle avait raison et pour la remercier. C'est tout le contraire de la « loi du silence » qui prévaut dans certaines gangs : on préfère demeurer en bons termes avec quelqu'un que de le savoir en colère contre soi, et ce, même au prix de sa vie. Ceux-là ne sont que des copains.

J'ajoute un autre élément à ce sujet. Lorsque tout va mal dans ma vie, mon ami peut m'écouter et sympathiser à ma cause, mais il ne peut pas être mon thérapeute ou mon psychologue. C'est simple : le lien affectif entre lui et moi est trop fort pour que je puisse réfléchir correctement. Mon ami sera pris par les émotions et n'osera pas me dire la vérité, de peur de me blesser. C'est pour ça que je dois aller voir un adulte à l'extérieur de mes relations, quelqu'un qui ne se gênera pas de me dire la vérité en plein visage, sans préjugés de sa part… et de la mienne.

Vous êtes toujours là? Je poursuis. Dire à quelqu'un: «Tu es plus qu'une amie pour moi», c'est en réalité lui confirmer qu'elle n'est plus cette amie. Comment peut-on être plus qu'un ami? Les gars, lisez bien ce qui suit: si je tiens à ce qu'une fille me considère toujours comme son *ami,* il ne faut pas que je couche avec elle. Plus: je dois même refuser ses avances sexuelles. Si je me laisse séduire par elle, tôt ou tard, elle ne me considérera plus comme son ami. Je serai pour elle comme tous les hommes: facile à séduire. À ce compte, je ne suis plus son ami, mais bien son amant. Et c'est irréversible, finie l'amitié authentique entre nous deux. Tout comme lorsqu'une fille est ma blonde, elle ne peut plus redevenir mon amie par la suite, une fois la séparation survenue. Et même si vous dites: «Ben non, moi, c'est pas comme ça que ça s'est passé», regardez cela sous tous les angles et faites votre petite enquête, vous arriverez bien aux mêmes conclusions.

Mon amie me considère comme une référence solide et stable, en qui elle a confiance. Si je couche avec elle, sa relation avec moi change de façon irréversible. Et c'est à moi, en tant que gars, à me tenir tête à moi-même et à ne pas céder à mes fantasmes ou à la séduction. Encore une fois, si je tiens à ce qu'une fille me considère toujours comme un ami vrai. Déduction : une *fuck friend* ne peut inévitablement pas être une amie. Je peux demeurer peut-être en bons termes avec elle, mais c'est tout.

Ce qu'il faut savoir aussi, c'est que, tôt ou tard, on finit toujours par expulser ses amants et ses maîtresses de sa vie. Tôt ou tard. C'est inévitable. Quand on oriente sa vie vers des relations stables et qu'on veut fonder une famille, on fait le grand ménage dans ses relations. De nos anciennes relations, seules restent les personnes suivantes : les parents, les frères, les sœurs, la parenté… et les amis. Les copains, on les *flushe* pour la plupart. C'est ben plate à dire, mais c'est ça quand même. Et remarquez qu'après le secondaire, le cégep ou l'université, bien des gens effectuent ce ménage.

Je continue. Mes parents ne doivent pas être mes copains. Ce ne sont pas eux que j'invite à mes partys. Et si mes parents sont mes chums, qui va être mon père ou ma mère pour me dire

« non » ? Mes parents peuvent devenir mes égaux lorsque je n'habite plus avec eux… et que je suis moi-même un adulte.

Ça vous dérange, ce que je dis, n'est-ce pas ? Souvenez-vous que ce ne sont que des mots écrits d'une façon à vous faire réagir, dans le but de vous faire réfléchir. Ça va aller ?

Alors, je conclus. C'est humainement beaucoup plus significatif de travailler à se faire de vrais amis que de cultiver une tonne de copains. Ça ne veut pas dire de ne pas avoir de camarades, au contraire ! N'oubliez pas que les copains sont très utiles. Ils sont importants pour rendre la vie agréable et pour se permettre des folies partagées… mais saines, on s'entend. Toutefois, les amis ne sont pas seulement utiles : ils sont essentiels. Tellement essentiels qu'il vaut mieux avoir de vrais amis et être sans conjoint qu'avoir un conjoint et être sans amis.

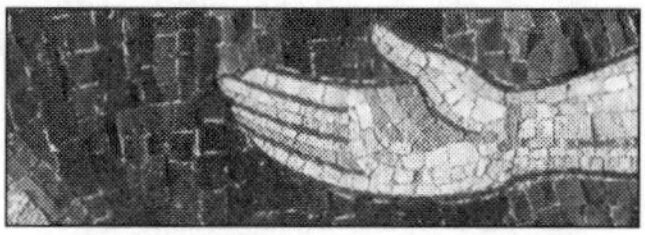

Si on ne croit en rien, sauf dans les ténèbres,
alors comment avance-t-on ?

Dreamcatcher
Stephen King

Vous êtes capables de faire
de si beaux rêves
et de si horribles cauchemars.
Vous vous sentez si perdus, si isolés, si seuls.
Mais vous ne l'êtes pas.
Dans toutes nos recherches,
la seule chose que nous ayons trouvée
qui rende la vie supportable,
c'est L'AUTRE.

(Extrait tiré du film Contact)
Carl Sagan

La spiritualité

Lorsqu'on fait la comparaison des valeurs sociales actuelles avec celles d'il y a cent ans, un élément existant jadis est absent de la conscience de la plupart des gens aujourd'hui : la spiritualité. « Bon, bon ! Y veut nous faire prier, à c't'heure ! »

Sans tomber dans le panneau de la conversion religieuse radicale et fanatique, il s'agit simplement de savoir que la dimension spirituelle fait partie de l'être humain au même titre que l'aspect psychologique ou intellectuel. Le fait de CROIRE est un besoin de l'être humain. Ce n'est pas pour rien que 95 % de la population mondiale croit en Dieu sous une forme ou sous une autre. Remarquez ceci : beaucoup de gens affirment ne plus croire en Dieu (bah ! trop quétaine !), mais s'embarquent dans des mouvements ésotériques ! Les gens se cherchent, veulent une façon de donner un sens global et universel à leur vie. Et pour cette raison, plusieurs se laissent avoir par une multitude de croyances. Et c'est là que la menace des sectes se fait plus présente. Vous n'avez qu'à lire le récit *L'Alliance de la brebis* de Gabrielle Lavallée pour bien saisir cet aspect de la faiblesse psychologique.

C'est entre 20 et 25 ans que vous serez le plus instables sur le plan spirituel. À 16 ans, on ne fait qu'être en réaction aux croyances religieuses de ses parents. À 25, on se questionne réellement, donc on devient instable, donc le danger de gober n'importe quelle cochonnerie devient sérieux. C'est pour ça que c'est plus important qu'on le croit de se bâtir une stabilité spirituelle qui donne des réponses précises aux questions sur la vie, la mort et la souffrance. Ces réponses doivent être logiques pour soi.

Si un jour on vous parle de fin du monde imminente, d'une personne qui a reçu les révélations d'un Être supérieur, de l'omniprésence de Satan à travers la société, de personnes perdues si elles ne sont pas membres du groupe des « sauvés », de l'enfer qui sera bientôt sur terre et bla-bla-bla, alors tournez les talons et partez! De plus, vérifiez les caractéristiques sectaires suivantes : la place limitée de la femme par rapport à l'autorité et aux décisions, l'alimentation réduite, le fait de couper contact avec sa famille et de cesser ses activités sociales, l'argent qu'on vous soutire obligatoirement, la tenue vestimentaire imposée, la réduction du nombre d'heures de sommeil, la sexualité non respectée, la liberté de pensée et d'expression bafouée, les croyances ou doctrines imposées par la force, le reniement par le groupe si on le quitte et l'interdiction d'être seul avec soi-même (pour éviter de penser et de développer l'esprit critique), bref, tout ce qui atteint la liberté d'être et la dignité humaine. Si certains des éléments présentés ci-haut vous concernent, il faudrait peut-être vous poser des questions. En passant, avez-vous remarqué que bien des choses pourraient concerner la vie de couple? Jetez un nouveau coup d'œil à la liste, pour le fun…

Tout cela ne veut surtout pas dire de mettre de côté la spiritualité, au contraire! Au sujet de cette dimension spirituelle qu'on a perdue, je vous dirai ceci: retrouvez une spiritualité qui fait de vous de meilleures personnes. Et pratiquez-la! Que ce soit une forme de méditation, de réflexion, de prière ou de rencontre quelconque, réservez-vous du temps pour redécouvrir l'Universel. Développez une spiritualité qui vous permette de voir la vie, les autres (vous-mêmes inclus) et la mort d'une manière différente, plus engageante et plus vivante, question d'être sensibles à la souffrance des autres, de travailler à éliminer le mal en vous et autour de vous et de faire passer l'humain *avant* le matériel. Les personnes croyantes donnent souvent un sens à leur vie et possèdent cette capacité supplémentaire de se battre contre l'orgueil et l'égoïsme, qui causent la presque totalité du mal dans le monde. De plus, la spiritualité prémunit contre les gourous de sectes ou de mouvements *fuckés*!

Là, s'il vous plaît, comprenez donc que les p'tites croyances ésotériques comme l'astrologie, le tirage de cartes, les rencontres avec des voyantes, les regroupements sataniques puis Ouija ne vous feront jamais évoluer spirituellement et humainement ! Comment se fait-il que tous les voyants d'Amérique n'aient pas prédit la destruction du World Trade Center à New York ? C'était quand même gros, non ? Par contre, on croit dur comme fer la voyante qui a affirmé qu'on aura un amoureux dans deux mois et qu'il s'appellera Bobby ! Honnêtement, les messes noires et les incantations d'esprit ne feront pas de vous des personnes à l'écoute d'elles-mêmes et des autres, conscientes du mal autour d'elles et travaillant à le combattre, bref, en paix avec elles-mêmes et, donc, avec les autres. Pensez-y deux minutes ! La philosophie satanique prône une loi de la jungle : si t'es pas le plus fort, tu n'es rien. Et les classes inférieures ou faibles sont les femmes, les enfants, les handicapés, les Noirs et les Juifs. De plus, les femmes ne possèdent aucune fonction hiérarchique dans ces groupes ; elles sont davantage soumises à des rituels sexuels assez dégradants !

Vous considérez sincèrement que ces croyances et pratiques tordues permettront de rendre le monde meilleur ? Vraiment ? Tout ce que ça fait, c'est de développer des psychopathologies. Il s'agit davantage d'une régression de l'être humain plutôt que de son évolution. C'est un retour à l'aspect typiquement égoïste alors que l'étude de l'histoire des philosophies (*Le monde de Sophie,* de Jostein Gaarder, en est une bonne lecture) nous montre que l'être humain a toujours travaillé à se sortir de cette tendance animale, de cette loi de la jungle, de cette mentalité noire et négative qui engendre un mal de vivre assez caractéristique. Vous en doutez ? Analysez n'importe quel rapport sur le sujet, pis on s'en reparlera…

Écoutez, ce n'est pas d'être attiré par l'horreur en tant qu'art ou en tant que divertissement qui fait problème. Je suis le plus grand fan de Stephen King, quand même ! C'est d'adopter la philosophie et les pratiques qui s'y rattachent.

Vous faites les nuances nécessaires ?

Revenons à nos moutons. De la spiritualité se dégage un interdit assez universel dans le monde, peu importe la religion : l'interdit du meurtre. Pourquoi ? Parce qu'éliminer une vie humaine, c'est atteindre ce qui existe de plus sacré au monde ! Car la personne est absolument et catégoriquement irremplaçable ! Tout comme VOUS êtes irremplaçables… c'est aussi « interdit » de vous tuer vous-mêmes, car votre perte est trop considérable. Et la seule personne qui peut douter de votre valeur si grande… eh bien ! c'est vous-mêmes !

Lisez le livre *La Vie après la vie* de Raymond Moody, surtout l'additif concernant le suicide. Cet ouvrage contient des témoignages de gens ayant frôlé la mort, que ce soit des jeunes, des vieux, peu importe la religion ou les croyances. Si vous êtes attentifs à ce qui se dit autour de vous, vous découvrirez que plein de personnes, possiblement même dans votre propre famille, ont déjà vécu une expérience semblable. Ce qui attire l'attention, c'est que ces expériences ne peuvent être des hallucinations ; nous ne faisons pas tous les mêmes rêves, à ce que je sache ! Un mode de fonctionnement du cerveau au moment de la mort ? Peut-être. Mais comment des individus, enfants inclus, ont-ils été en mesure de décrire ce qui se passait autour d'eux… et dans les pièces voisines de l'hôpital ? Et au sujet du suicide, les gens qui ont fait des tentatives, qui ont frôlé la mort et qui en sont revenus sont unanimes à ce chapitre : il n'était pas question de diablotins à queue fourchue, mais s'enlever la vie ne réglait pas leurs problèmes ; leurs émotions demeuraient et persistaient. Au fond, ça ne changeait rien à leur situation, mise à part la perte de leur pouvoir réel de changer les choses. Ils étaient encore en recherche d'eux-mêmes… et d'une solution.

« J'crois pas à ces affaires-là, moi ! Quand on est mort, on est mort, point ! » OK ! OK ! On se choque pas ! On fait juste parler, là… Mais êtes-vous vraiment sûrs qu'il n'y a rien après la mort ? En avez-vous la preuve ? Qu'est-ce qui vous certifie que ce n'est pas pire après le suicide ?

Des livres comme *La Vie après la vie,* ça ne *prouve* pas l'existence de Dieu ou d'une forme de vie après la mort, car ce sujet ne se situe pas dans le domaine scientifique, avec preuves et vidéos. On ne peut que *croire* que Dieu existe, tout comme on ne peut que *croire* qu'il n'existe pas. Dans les deux cas, il s'agit d'une croyance. C'est comme l'amour, au fond : vous aimez votre mère ? Prouvez-le… Vous vous rendrez bien compte que vous ne pouvez en aucun cas *prouver* que vous aimez une personne ; elle ne peut que se fier à vous par la confiance, c'est tout. Le film *Contact,* avec Jodie Foster, exploite bien cette notion.

Juste un petit exercice pour vous illustrer la notion de foi ou de confiance : pensez à quelqu'un que vous aimez… Maintenant que vous avez son image en tête (et je sais pertinemment que vous en avez une), prouvez-le-moi. Montrez-moi cette image-là. Je ne peux que vous *croire* lorsque vous me dites qu'elle est présente dans votre tête. En aucun cas vous ne pourrez, de quelque manière que ce soit, m'en donner la preuve scientifique. Et pourtant, elle est là !

Je ne veux pas faire un essai philosophique détaillé sur la question, mais supposons que Dieu n'existe pas, alors tout m'est permis ! L'important, c'est seulement de ne pas me faire prendre par les flics ! Je me fous des conséquences. Mais si Dieu existe… – supposons seulement –, alors je suis peut-être beaucoup plus responsable de mes actes que je ne le crois. À ce compte, j'ai une responsabilité humaine des actes que je pose et j'ai peut-être aussi une responsabilité spirituelle. Responsabilité de mes actes animés par le mal, bien sûr, ET responsabilité de mes actes animés par le bien. Ces derniers sont les plus nombreux chez la très grande majorité des gens, vous inclus ! Ne l'oubliez pas.

Que Dieu existe, on ne pourra jamais le prouver. Que Dieu n'existe pas, ça non plus, on ne pourra jamais le prouver. Mais ce n'est pas

Dieu qui est quétaine, c'est la manière dont on le présente.

Tout compte fait, une notion, assez universelle celle-là aussi, ressort d'à peu près toutes les formes de religions permettant à l'humain d'évoluer : *l'important, c'est l'amour.*

L'amour de soi…
L'amour de l'autre…
L'amour de la vie…

Tout va bien, tout est beau
Bien beau qui finit bien
Et qui rime à rien
Qui rime à rien de bien nouveau
Depuis l'année zéro
Tout va bien, tout est beau
Tout l'monde veut un château
Pour ce que ça vaut
Ça vaut rien de bien nouveau
Depuis l'année zéro

Journal
Serge Fiori

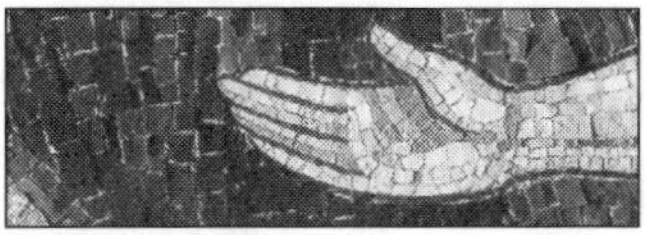

If you love somebody, if you love someone
Set them free!

Sting

If he ever hurts you
True love won't desert you

Separate Ways
Journey

L'amour… le vrai

Aimer. On en parle EN MASSE de l'amour, non ? Sachez cependant que, dans les films et les chansons, il est très rarement question d'amour véritable.

Beaucoup de gens confondent *amour* et *passion.* Pas surprenant que le taux de séparations soit si élevé : les gens ne savent pas aimer. De toute façon, dites-vous bien qu'une très bonne part des relations amoureuses pendant l'adolescence ne contiennent pas encore d'amour ! On a déjà assez de misère à s'aimer soi-même, pas étonnant qu'on ait de la difficulté à aimer les autres.

La *passion* est davantage axée sur les émotions. Alors, lorsque je vis un coup de foudre assez prenant, lorsque j'ai mal au ventre, lorsque je dis : « C'est la femme de ma vie ! » ou : « Nous sommes faits l'un pour l'autre », lorsque je fais des crises de jalousie, lorsque je menace de me suicider si l'autre me quitte, si je suis complètement dépendant de sa présence continuelle, si je lâche tous mes amis et toutes mes activités pour l'autre, lorsque je change de conjointe aux deux semaines – en ne faisant jamais le deuil de la relation précédente en demeurant seul pendant quelques *mois* sans déprimer (et je n'ai pas dit *« semaines »*) –, si je ne suis pas capable de demeurer seul et sans ma conjointe au moins pendant 24 heures consécutives par semaine (sans appels téléphoniques, évidemment), si je ne sais pas voler de mes propres ailes (autrement dit, si je m'appuie sur l'autre pour marcher dans la vie), si j'attends toujours d'avoir une conjointe pour être heureux, si je veux continuellement reproduire dans ma vie l'illusion des films (romantiques pour les filles, érotiques pour les gars), alors je suis en plein dans la marée de la passion !

Si c'est ce que vous voulez (la passion), tant mieux pour vous. Mais ne venez pas vous plaindre que vos amours en arrachent !

Le dicton *l'amour rend aveugle* est faux ! Ce n'est pas l'amour qui rend aveugle, c'est la passion. *L'amour est proche de la haine,* ça aussi, c'est faux. Si je hais ma blonde parce qu'elle me quitte, c'est que je ne l'ai jamais aimée. La passion, qui part des émotions, peut se transformer immédiatement en haine si on est piqué au vif dans nos tripes. Pas l'amour. Quand je suis passionné, je reste avec ma blonde pour ce que j'en reçois, pour ce qu'elle m'apporte ; je la veux à moi, comme si elle m'appartenait. (« C'est MA blonde ! Enfin, je l'ai ! ») Hum ! Mauvais signe ! Y a pas grand amour là-dedans ! Ou, pire, la fille reste avec son chum violent en disant : « Je vais tellement l'aimer qu'il va changer. » Désolé, mauvaise réponse !

L'*amour*, ce n'est PAS nécessairement le contraire de la passion. La passion, en soi, ce n'est pas mal ; elle peut même devenir un accessoire qui donne du piquant à l'amour. C'est lorsqu'elle devient prioritaire, lorsqu'elle devient le but et la seule motivation à rencontrer l'autre que la relation peut dégénérer.

Pour que l'amour naisse, ça prend plusieurs choses. En fait, ça en prend au minimum cinq.

• *Vouloir aimer.* L'amour, contrairement à la passion, ça ne se produit pas tout seul. Pour que j'arrive à aimer un jour, je dois décider et choisir d'aimer. La passion, elle, ne demande aucun effort : je suis « en amour » par-dessus la tête, je flotte sur les nuages, je pratique les petites activités intimes non diurnes… puis, quand la passion diminue et que la p'tite lune de miel est en phase décroissante à l'horizon, alors je sacre ma conjointe là ! Pas de casse-tête, pas d'effort ! C'est facile, la passion. Facile comme la violence : je n'essaie pas de régler la situation, de voir ce qui ne va pas pour m'entendre avec l'autre, de me réconcilier, de faire l'effort de passer à travers mes difficultés. Je frappe, je casse, je quitte, et c'est fini ! Simple, non ? Simple comme l'infidélité : je n'ai qu'à me laisser aller à mes émotions, et le tour est joué.

Pour aimer, par contre, je dois fournir des efforts. Je dois m'investir et m'engager dans une relation (amicale, familiale ou amoureuse) de manière à passer à travers les difficultés que je vivrai. Si faire des efforts ne fait pas partie de ma volonté, alors je ne pourrai jamais aimer. Encore moins être fidèle. Avec la passion, je ne fais que me laisser balayer par le raz-de-marée des émotions, tandis que l'amour, c'est plus difficile qu'être passionné... parce que je dois faire l'effort d'aimer, l'effort d'entretenir l'amour, l'effort de penser aux autres comme à moi, surtout aux conséquences de mes paroles et de mes gestes envers eux.

Dans un autre ordre d'idées, avez-vous déjà constaté qu'il n'y a personne d'honnête dans les bars et sur Internet quand il s'agit de *cruiser*? En courtisant quelqu'un, on change d'attitude. On présente une image de soi qui est tout à fait fausse ! On se déguise en arbre de Noël, on joue les petits parfaits doucereux, on est toujours patient, avec un beau sourire charmeur. On utilise le MHS : le *Mode Hypocrite de Séduction* ! On change d'attitude, on porte un masque, on change même de vêtements ! Une fois la passion écoulée, l'arbre de Noël est au chemin, pour les vidanges : les imperfections du caractère ressortent comme des aiguilles, la patience disparaît comme par enchantement, et le beau sourire devient un air sérieux et ennuyé ! Raison ? La vraie personnalité refait surface au bout de quelque temps et, pour poursuivre la relation, on s'aperçoit qu'on doit fournir de l'énergie. Et c'est là que plusieurs couples éclatent ! Alors que ça aurait été si simple d'être soi-même dès le départ. Si le contact amoureux s'établit entre vous et l'autre en demeurant vous-même, vous avez 99 % des chances que votre relation dure. Le contraire est beaucoup moins vrai…

C'est aussi là, surtout en amour, qu'une vérité apparaît : entre ce que dit votre tête et ce que crient vos tripes, choisissez toujours votre tête. *Suivre son cœur* (comme l'affirment encore et toujours les films), c'est s'engager dans la voie de la passion et des émotions. Oui, il faut tenir compte de ses *feelings*. Le danger, cependant, c'est de se river le nez sur l'asphalte ! Par contre, suivre sa tête, c'est utiliser la voie de la raison et du gros bon sens. En optant pour votre raison, vous risquez d'être moins déçus qu'en suivant seulement vos tripes.

Ma chère maman m'a déjà dit: «En amour, on divorce et on se remarie chaque jour.» En y réfléchissant, ç'a ben du bon sens…

• ***Aimer, c'est prendre le temps.*** Plusieurs élèves (la plupart du temps des filles, car ce sont elles qui consultent le plus et, donc, sont plus capables de régler leurs problèmes… Les gars, vous avez compris le message?) viennent me voir et me demandent: «Dans combien de temps j'vais l'*aimer*, mon chum?» Il n'y a malheureusement pas de réponse scientifique à une telle question! Chose sûre, c'est que l'amour, lors du développement d'une relation entre deux personnes, n'apparaît pas avant plusieurs MOIS! Pas avant. Autrement dit, une fois que la passion diminue, une fois que je veux rester avec l'autre dans d'autres circonstances que la couchette pis le pognage de fesses, une fois que je me rends compte que je veux *partager* ma vie avec l'autre et non la fonder sur elle, une fois que je bâtis des projets avec l'autre parce que je désire grandir et vieillir avec elle, là, et uniquement là, l'amour commence à se développer. Encore une fois – tous ensemble ! – pas avant !

L'amour, c'est à long terme qu'il faut le considérer. Dire : « Je t'aime » à l'autre au bout de deux semaines, c'est en réalité une petite réplique romantique tirée tout droit de films insignifiants !

• ***Aimer, c'est connaître l'autre.*** J'ai déjà entendu une fille dire, dans un corridor de l'école, en voyant un beau mec qui passait devant elle et qui essayait de grossir les deux fils de soie dentaire qui lui servaient de bras : « Ah ! y est beau ! Je l'aime ! » Puis la fille entreprend des démarches de *télérencontre* pour « l'avoir ». Romantique, non ?

Les bars et Internet sont remplis de machos qui *cruisent* tout ce qui bouge ! Les *Carlo* complimentent les filles… en ne souhaitant que faire passer leur train dans leur tunnel, et les filles, pas mieux, se laissent avoir, croient leurs belles paroles et finissent trop souvent par coucher avec le *Carlo* en question… dans l'espoir qu'il les trouve assez intéressantes pour les aimer. La belle gaffe !

Si vous considérez que, pour aimer, il faut juste *cruiser* et seulement vivre la passion folle, vous vous rentrez un doigt dans l'œil assez creux pour vous faire lever le cœur ! Si vous voulez aimer, vraiment, il faut d'abord que vous connaissiez la personne, que vous sachiez QUI elle est, que vous découvriez ses qualités, ses limites, sa personnalité. Si un inconnu vous accoste pour vous demander : « Veux-tu être mon ami ? » ou bien vous direz : « Dégage ! » ou bien : « Attends, on va se parler un peu avant, pis on verra si je peux ensuite te considérer comme mon ami ! » Ce même inconnu vous accoste dans un bar, vous le trouvez beau, et il vous dit : « T'es belle, t'as un genre qui me plaît. » Au bout de deux heures, vous êtes au lit avec lui, vous l'appelez « mon chum » et vous lui confiez vos secrets et vos blessures… ce que l'on ne ferait uniquement qu'en présence d'un ami de longue date. Allô la logique ! Comment voulez-vous aimer véritablement quelqu'un si vous ne le connaissez même pas ? Voyons donc !

Ensuite, vous vous demanderez pour quelles raisons vos amours ne fonctionnent pas ! C'est simple pourtant : justement, il n'y a jamais eu d'amour...

• ***Aimer, c'est laisser libre.*** Ça, vous le savez ! À vrai dire, tout le monde le sait, mais personne (ou peu) n'arrive à mettre cette vérité en pratique.

Laisser une personne libre, ça implique bien des choses. Si je l'aime d'un amour vrai et sincère, elle doit avoir la chance d'être elle-même, avec ses goûts et sa personnalité à elle ; elle peut avoir ses propres amis... que je n'aime pas ou que je ne fréquente pas ; elle peut et doit pratiquer ses activités personnelles en dehors de notre couple ; elle peut parler et rire avec une personne du sexe opposé... sans que je ne lui fasse la scène du gars jaloux ; elle a la chance de rester seule quand elle en a envie, car elle n'est pas obligée de toujours être avec moi ; elle a le droit de ne pas vouloir vivre une relation sexuelle même si, moi, j'en ai grandement envie. Rappelez-vous que la majorité des « viols » se produisent dans les couples : les mots du conjoint remplacent les couteaux de l'agresseur dans la rue. Et la plus grande faiblesse des filles, sur le plan sexuel, c'est de *faire oui* alors qu'elles ont *dit non.* Dans la tête du manipulateur ou de l'obsédé, il s'agit d'insister… ou de les forcer, et il obtiendra ce qu'il veut.

Les gars, prouvez aux filles que vous n'êtes pas des obsédés sexuels. Prouvez-le d'abord et avant tout avec votre blonde. Y a-t-il moyen de ne pas lui faire la gueule quand elle ne répond pas à vos avances ? Y a pas de date limite, on peut se reprendre une autre fois. Ensuite, prouvez-le à vos amies et à vos collègues.

Et là, LÀ, j'espère que vous comprendrez – à tout le moins que vous saurez – qu'EN AUCUN CAS la jalousie fait partie de l'amour ! Quand je suis jaloux – j'entends faire du chantage émotif ou une crise en bonne et due forme ! –, je force l'autre à m'aimer et, pire, à couper ses relations avec ceux et celles qui l'entourent. C'est normal de ressentir de la peur, tout comme de ressentir de la colère. Mais si on ne sait pas la maîtriser en l'exprimant avec maturité, alors ce comportement jaloux constitue un acte de violence.

Les histoires d'horreur que l'on voit à la télé – meurtre suivi d'un suicide – sont l'aboutissement d'une jalousie maladive. Et ça débute dès l'adolescence ! En fait, une personne excessivement jalouse n'accepte pas que l'autre soit une personne « autre » ; mais elle s'acharne à la rabaisser au rang de chien domestique ! Relisez les mots des chansons *Every Breath You Take* (The Police) et *Maudite jalousie* (Kevin Parent) ; c'est criant de vérité.

Quand je suis jaloux et que ma conjointe passe du bon temps et rit avec ses amis, je suis frustré et, chaque fois qu'elle revient me voir, je ne ris plus et je lui fais la baboune ! Dans ce cas, c'est normal qu'elle se sente mal à l'aise avec moi, non ? Mais j'oublie un détail : même si elle rit beaucoup avec d'autres gars, elle me revient toujours... car c'est MOI qu'elle CHOISIT d'aimer. J'oublie qu'elle me choisit, MOI parmi tous les autres qu'elle peut même trouver beaux. Et c'est justement en lui faisant cette baboune-là à répétition qu'elle s'éloignera petit à petit de moi. Je provoque moi-même, par la jalousie, la rupture de mon couple. Et qui sont les personnes les plus infidèles ? Celles qui sont jalouses. Pour la simple raison qu'elles n'ont tellement pas confiance en elles, qu'elles se laissent séduire facilement (c'est aussi le gros problème des femmes battues qui se laissent séduire par le même genre de mec à grande gueule).

Remarquez la belle hypocrisie qui se rattache souvent derrière la déclaration: «Je t'aime!» quand je ne sais pas aimer. Lorsque je dis à l'autre: «Je t'aime», en réalité, je ne déclare pas mon amour, je formule la question: «M'aimes-tu?» Je dis: «Je t'aime», l'autre ne dit rien, vient les yeux dans l'eau et me répond: «C'est gentil, ce que tu viens de dire...» Mais ce n'est pas ça que je veux entendre! Je me fous de la joie de l'autre à ma déclaration! Tout ce que je veux entendre, c'est: «Moi aussi!» Et lorsque l'autre ne répond pas ÇA à ma déclaration-question «Je t'aime – M'aimes-tu?» alors je panique! Je vais même jusqu'à lui demander directement: «Dis-moi que tu m'aimes!» Aye! Ça, c'est de l'amour! Un rappel, avec ça!

Mais voici le plus important: si j'aime vraiment ma blonde, je dois la laisser libre de m'aimer, pas la forcer à m'aimer avec du chantage ou de la manipulation. Et par-dessus tout, je peux démontrer que je l'aime vraiment... lorsqu'elle me quitte. Je lui laisse cette liberté, car elle n'est pas obligée de m'aimer.

Si j'aime une personne, je désire qu'elle soit heureuse avec moi. Logique, non? Mais si elle est malheureuse avec moi, et que je la force à demeurer avec moi, alors comment voulez-vous qu'elle soit bien en ma compagnie? Impossible! Par contre, si j'aime cette personne, je veux qu'elle soit heureuse. Et pour qu'elle soit heureuse, j'accepte qu'elle me laisse si elle est malheureuse avec moi. En fait, il vaut mieux que ma conjointe soit *heureuse sans moi* que malheureuse avec moi.

Êtes-vous forcés d'aimer quelqu'un, vous? «Non, bien sûr, Môssieu Desrochers!» Alors l'inverse est aussi vrai: personne n'est obligé de vous aimer!

Et si un jour – et je ne vous le souhaite surtout pas! – il arrivait que votre conjoint menace de s'enlever la vie parce que vous désirez le quitter, parlez-lui-en pour dénoncer cette forme de chantage. Dites-lui : « Demande une aide pour régler ton problème. Tu ne m'aimes vraiment pas en me disant ça ! C'est tout ce que tu retiens de moi ? Ton bout de temps avec moi ne t'a laissé que la mort dans l'âme ? » Après discussion, si ça ne change pas, alors quittez-le immédiatement ! Et s'il met sa menace à exécution, vous n'êtes coupable de rien, vous n'avez rien à vous reprocher. Vous aviez le droit de le laisser. Vous pourriez vous sentir coupable si vous lui aviez dit directement de se suicider, mais ce n'est jamais le cas, n'est-ce pas ? Alors, en quoi son geste serait-il de votre faute ? En aucun cas, on ne pourrait vous blâmer pour ça. En aucun cas…

• ***Aimer, c'est donner.*** Celui qui est seulement passionné ne cherchera qu'à recevoir l'affection et l'amour de l'autre ; il *donne* difficilement. Et puisqu'il ne veut QUE se faire aimer, il n'arrive pas à aimer l'autre. C'est aussi le problème de la personne dépendante.

Apprenez à donner. C'est votre seul moyen de recevoir un jour. Si vous cherchez seulement à recevoir (comme nous y invite fortement la mode de la consommation matérielle), alors ça fait de vous des êtres qui n'arrivent pas à donner, qui sont égoïstes… et qui n'arrivent pas à aimer.

Donnez de votre argent, de votre temps, de votre confort, de votre tranquillité, de vos énergies. Dites d'abord aux autres que vous les aimez : à votre famille, à vos amis, à votre amoureux. Dites-le-leur dans un premier temps. Plus vous manifesterez de cet amour, plus il vous sera rendu.

Apprenez donc à donner. C'est en donnant d'abord qu'on reçoit ensuite. C'est en aimant d'abord qu'on est aimé ensuite…

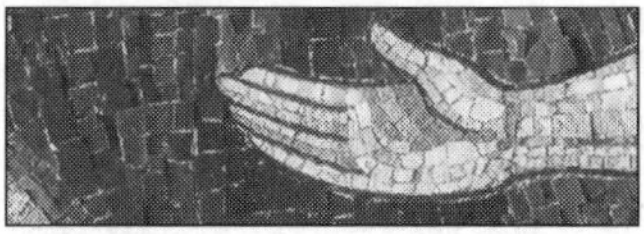

Liberté !

« Quand j'aurai 18 ans, je serai enfin libre ! »

Ah oui ? Vraiment ? Faites un petit sondage auprès de vos chums ayant passé par là ; vous vous rendrez bien compte que ça ne change pas grand-chose.

En réalité, on suppose que l'âge de la majorité correspond à la liberté totale, que les parents n'ont plus rien à dire, que la société – ENFIN ! – va nous considérer comme des adultes ! Rions tous ensemble : AH ! Maintenant, passons à autre chose…

La liberté, ce n'est certainement pas l'absence d'interdictions ou de lois. C'est encore moins le fait de faire ce que je veux quand je veux. La liberté totale constitue un fantasme qui suppose une chose : pour faire ce que je veux quand je veux, il faut au préalable que les autres autour de moi n'existent pas. Je dois être absolument seul au monde: personne ne me dérange, et je ne dérange personne. C'est justement le gros problème du crétin d'enragé au volant qui nous pousse dans le cul sur les autoroutes parce qu'il veut bêtement être seul sur la route, les autres conducteurs étant tous des p'tits séniles!

Au fond, c'est simple: la liberté n'est pas à l'extérieur de nous mais bien *en nous.* C'est dans la tête que ça se passe. Deux personnes sont assises à la même table: l'une se sent tout à fait bien, l'autre est pognée ben raide. L'une est autonome, l'autre est esclave. Esclave de qui? D'elle-même, tout simplement.

Pourquoi pensez-vous que les lois existent? Pour écœurer le peuple? Elles sont si nombreuses pour une seule et unique raison: les abus des imbéciles! Tout le monde paie pour leurs conneries. Les lois, les règlements ou les chartes de droits sont directement issus d'une forme d'abus quelconque. Ne blâmez donc pas les policiers de faire respecter la loi; blâmez les cons qui l'ont fait naître! Les lois nous rappellent une réalité essentielle: *les autres existent autour de nous.*

Donc, la liberté ne sera jamais l'absence de lois ou d'interdits, rentrez-vous ça dans la tête. Souvenez-vous aussi d'un autre élément : trop de liberté, c'est comme pas assez de liberté. Ne reprochez pas à vos parents d'avoir été trop fermes avec vous lors de votre éducation ; reprochez-leur plutôt d'avoir été *indifférents* envers vous. L'indifférence parentale fait plus de ravage que la discipline rigide.

Dernière chose… et lisez ceci deux fois :
LES GENS ONT TELLEMENT PEUR D'ÊTRE LIBRES OU AUTONOMES QU'ILS PRÉFÈRENT SE LAISSER MANIPULER.

Donc, être libre, c'est quoi ? C'est nous accepter comme nous sommes ; c'est être nous-mêmes partout et avec n'importe qui, surtout avec nos copains, en leur tenant tête parfois ; c'est nous débarrasser de nos dépendances et de devenir autonomes ; c'est être capables de dire NON ! C'est aussi agir en adultes pour qu'enfin les gens nous traitent en adultes.

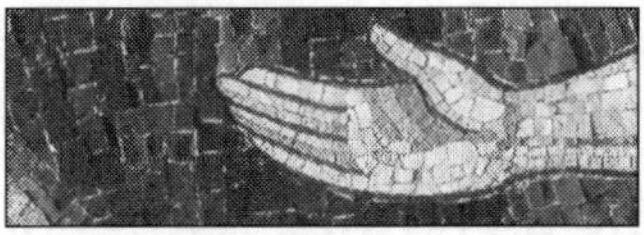

Et l'attente qui m'avait si bien prédit
Tout est mort et presque rien n'est dit
J'ai regardé si loin que je n'ai rien compris
Il fallait bien un jour que j'en sorte à tout prix
Aujourd'hui, je dis bonjour à la vie!
Demain, je ne perdrai plus mes nuits

Harmonium

Quelqu'un m'a dit que tout autour
De mon nombril se trouve la vie
La vie des autres, la vie surtout
De ceux qui meurent faute de nous
J'ai des yeux qui refusent de voir
Des mains qui frôlent sans toucher
Sortez-moi de moi!

Daniel Bélanger

Votre vie… pleine de vie

La vie est plate? Non, pas nécessairement. Elle nous *paraît* plate parce que nous sommes de la génération de la télécommande, génération qui a grandi devant la télé, le dos en forme de sofa, génération de consommateurs de produits et services. Encore une fois, tout cela sans effort! Si nous ne faisons pas d'effort pour nos études, pour notre travail, pour notre santé et pour notre VIE, nous n'en ferons sûrement pas plus pour nos loisirs, pour nos *hobbies*... et pour nos amours! Nous traitons les *baby-boomers* de vieux lâches qui n'attendent que leur retraite... Si c'est le cas, il ne faudrait pas être pire qu'eux, tout de même!

C'est quoi l'idée? L'idée, c'est de faire autre chose que regarder la télé! Dites-vous qu'après deux heures en moyenne par jour devant l'écran (Internet inclus!), le visage aussi inexpressif que celui d'un zombie, votre style de vie est quelque peu déséquilibré. Regarder la télé, c'est facile; ça ne demande pas d'effort: je me mets sur le mode «consommation», et le tour est joué. Internet me permet de créer des liens avec les Australiens. Mais Internet devient «Intersale» lorsqu'il m'éloigne de mes voisins, de mes amis et de ma famille. Je m'approche du Russe en m'éloignant de ma sœur! «Des solutions pour une petite planète», affirmait la publicité d'IBM. Une petite planète constituée de familles éclatées, oui ! La faiblesse d'Internet, c'est d'augmenter ma solitude.

Là, je n'ai pas dit de ne PAS regarder la télé ou de ne pas utiliser Internet ! Je dis seulement de faire *aussi* AUTRE CHOSE ! Qu'est-ce que vous savez faire ? Impliquez-vous dans le sport, le théâtre, le bénévolat, le plein-air, l'aide aux personnes en difficulté, la musique, le dessin, la lecture, les relations amicales saines, le bricolage, la menuiserie, un projet humanitaire, ou *j'sais-tu, moé*! Mais – bon Dieu ! – faites quelque chose de votre peau !

Nous trouvons la vie plate quand NOUS SOMMES PLATES ! Nous trouverons la vie intéressante quand nous serons intéressants.

Il existe tellement de possibilités et de façons de rendre sa vie agréable que vous n'avez aucune excuse – AUCUNE ! – de dire des conneries du genre : « J'sais pas quoi faire ! » « C'est plate ! » ou « Y a rien à faire ! » Y a rien à faire ? Vous vous rendez compte ? Il y a tellement de choses à faire que vous ne les voyez plus ! Mais pour que ces choses deviennent intéressantes et profitables pour votre vie, vous devez fournir… des efforts ! Même là ! Ouais… La chanson de Félix Leclerc le dit bien : *la meilleure façon de tuer un homme, c'est de le payer à ne rien faire.* Et habituellement, quelqu'un qui ne fait rien de sa peau cherchera à être aimé sans aimer.

Sortez dehors ! Sortez d'entre vos quatre murs éclairés par une télé ou un écran d'ordi ! Soyez des personnes actives, vivantes, dynamiques, des personnes qui mordent à pleines dents dans la vie ! Cette dernière est un enfer quand nous nous apitoyons toujours sur notre sort et que nous ne voyons que le *dark side of the moon.* Elle peut être un paradis quand nous savons que le soleil brille toujours ; il suffit d'ouvrir les fenêtres pour laisser entrer la lumière. Nous avons tout en nous pour être heureux…

Développez-vous un style de vie et des projets qui enrichissent, justement, votre vie personnelle, qui la rendent « moins plate »… ou, plutôt, plus intéressante. Quand on y pense, c'est si simple. Mais c'est une simplicité qui nécessite… des efforts. Eh oui !

Même si certains de vos projets tombent, bâtissez-en d'autres. Tenez tête à vos déceptions. Souvent, il s'agit d'être patient : vous réaliserez bien un jour ou l'autre un projet qui vous tient à cœur.

Souvenez-vous que, où que vous soyez, c'est toujours vous qui faites votre bonheur.

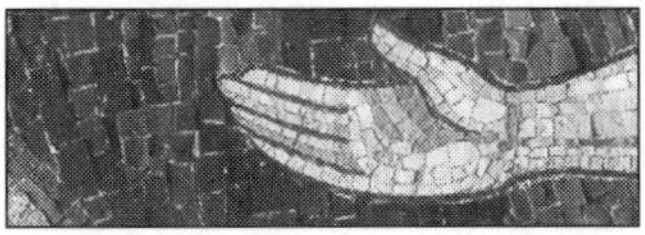

Pour conclure…

Vous aurez peur. Oui, c'est sûr. Certains auront tellement peur qu'ils voudront en mourir. Après vos peurs et vos drames, la VIE continue. La peur, ce n'est pas la fin du monde. Un échec non plus. Ni un obstacle ni une rupture amoureuse. Vous valez plus que des insultes durant votre enfance, vous valez plus qu'un abus sexuel, vous valez plus que la violence de votre père, vous valez plus que vos problèmes de drogue. Vous valez plus que tout ça. En fait, vous valez plus que la pire de vos actions. Et vous vous rappellerez, j'espère, l'importance de votre vie et des efforts qu'il vous faut y investir.

Une vie agréable, c'est constater que nos EFFORTS sont toujours récompensés par un résultat concret comme l'autonomie, la maturité, la découverte de nouveaux horizons et de nouvelles personnes… et une satisfaction de soi-même inégalée.

Une vie agréable, c'est savoir que ces efforts, même s'ils prennent du TEMPS, beaucoup de temps, donnent des fruits.

Une vie agréable, c'est ÊTRE quelqu'un au lieu de tout avoir.

Une vie agréable, c'est savoir que nous sommes une PERSONNE UNIQUE dans toute l'histoire de l'humanité, passée, présente et future. Dans TOUTE L'HISTOIRE !

Une vie agréable, c'est cultiver le sourire et l'HUMOUR ; c'est rire et être joyeux avec nous-mêmes et ceux qui nous entourent ; c'est donner à notre routine quotidienne une couleur différente chaque jour.

Une vie agréable, c'est *nous aimer nous-mêmes,* avec nos limites et toutes nos nombreuses *qualités* !

Une vie agréable, c'est *donner*… en sachant que ce geste engendre le fait de recevoir… tôt ou tard.

Une vie agréable, c'est *aimer*... et, avant tout, *choisir de VIVRE*!

Vivez votre jeunesse à fond... les deux pieds sur terre.

Bon courage! Bonne route! Vous n'êtes pas seuls. Plein de personnes vous aiment, sachez-le!

Mais avant tout, aimez-vous... vraiment.

Guide parental du parfait petit délinquant

ou

Le chemin menant à l'autodestruction

Avertissement

Un jour, vous deviendrez éventuellement des parents à votre tour. Votre enfant se dirigera vers la délinquance ou vers l'autodestruction si vous l'éduquez en suivant attentivement les principes énumérés ci-après. Les réflexions présentées ici utilisent le ton du sarcasme… mais elles sont néanmoins véridiques si on sait décoder le message peu subtil.

Dès l'enfance, donnez à votre enfant tout ce qu'il désire, comme à un roi. Il grandira en pensant que le monde entier lui doit tout et sera un éternel insatisfait... comme un roi.

S'il dit des grossièretés, riez ; il se croira très malin.

Ne lui donnez aucune formation spirituelle. Quand il aura 18 ans, « il choisira lui-même ». Laissez ainsi son esprit se nourrir d'ordures et lavez-vous-en les mains.

Ne lui dites jamais : « C'est mal. » Il pourrait développer un complexe de culpabilité. Et plus tard, lorsqu'il sera arrêté pour vol, il sera persuadé que la société le persécute.

Ramassez ce qu'il laisse traîner. Ainsi, il sera sûr que ce sont toujours les autres qui sont responsables.

Ne pratiquez aucune censure. La violence fera banalement partie de sa vie.

Disputez-vous toujours devant lui. Quand votre ménage craquera, il ne sera pas choqué.

- Donnez-lui tout l'argent qu'il réclame ; qu'il n'ait pas à le gagner. Quand vous n'en aurez plus, il n'aura qu'à le voler.

- S'il fait des gaffes, prenez toujours son parti. « Les enseignants et la police lui en veulent, à ce pauvre petit. »

- Faites-lui croire qu'en écrasant les autres ces derniers le respecteront.

- Ne lui donnez aucune affection, riez de lui quand il pleure et ne lui dites pas : « Je t'aime. » Le contraire ferait de lui une mauviette.

- Ne lui dites jamais non. Il ne faut pas le frustrer, quand même.

- N'établissez aucune forme d'interdit. Sa liberté pourrait en être atteinte.

- Acceptez qu'il prenne de la drogue ; il fait ses expériences. Mieux : prenez-en avec lui ; il fera de vous ses égaux.

- Tolérez qu'il vous insulte et qu'il soit impoli. Il a tout de même droit à la liberté d'expression.

- Donnez-lui un téléavertisseur et un téléphone cellulaire à 12 ans. C'est important qu'il sache à quelle heure votre pâté chinois sera prêt.

- Dès que votre enfant veut être sur vos genoux ou jouer avec vous, faites-lui regarder un film. Cela vous permettra d'être tranquilles.

- Faites-le garder au moins trois soirs par semaine et une journée du week-end. Vous avez besoin de vacances, car vous êtes tellement fatigués.

- Défoulez votre rage sur votre enfant, insultez-le, dites-lui qu'il est bon à rien et surtout qu'il est un p'tit crisse ! De cette manière, il constatera qui est vraiment le maître de la maison.

- Accentuez encore plus son repli sur lui-même en meublant sa chambre hermétique d'un ordinateur personnel, d'une télé câblée et d'un système de son qui enterrera vos paroles.

À la fin, vous direz : « Il a tout ! Comment se fait-il qu'il n'est rien ? »

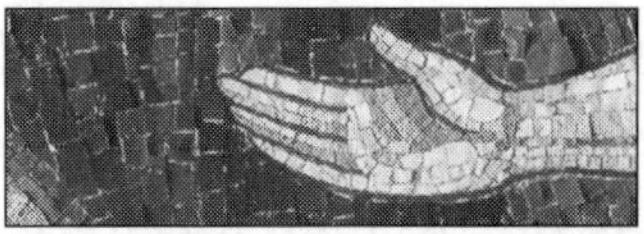

Des parents ayant perdu un enfant vous parlent…

Qu'est-ce qu'on dit
à quelqu'un qui veut se suicider?

D'abord et avant tout, je prendrais le temps d'écouter cette personne. Je l'encouragerais à s'exprimer sur ce qu'elle vit, ce qu'elle ressent, sans la juger. Il n'y a pas de mots ni de recettes magiques dans ces moments-là, il faut être présent et attentif à l'autre.

Trop souvent, on joue des rôles, on se fait des images de ce qu'on voudrait être. Être soi-même et laisser l'autre être ce qu'il est, vulnérable, fragile, perdu…

Il faudrait voir avec la personne suicidaire, à partir de ce qu'elle est, comment elle pourrait réagir et comment elle voudrait qu'on l'aide.

Il faut en parler : le dire est déjà libérateur. Il n'est pas nécessaire d'être psychologue ; si la personne nous en parle, c'est qu'elle a confiance et qu'on est significatif pour elle.

Il n'y a pas juste du noir dans la vie. Le plus dur à faire, c'est de découvrir le côté positif de chacun de nos problèmes. Oui, il faut croire qu'on peut se faire aider. On n'est pas seul au monde ! Oui, il y a Dieu. Dieu est un idéal. C'est propre à chacun, la manière de voir Dieu. Croire en soi, se dire qu'on vaut plus que la mort. La mort, il faut attendre qu'elle vienne jusqu'à nous, pas aller la chercher. La joie est dans une multitude de petits gestes, de petites choses. Il ne faut pas avoir peur de se faire aider.

Ensuite, je lui demanderais la raison de cette pensée. Je chercherais à savoir pourquoi cette pensée. Je lui dirais que la vie est faite pour vivre, qu'il y a une solution à tout problème et qu'il ne faut jamais désespérer.

Si tu te colles le nez sur la clôture devant le jardin, tu ne verras jamais toutes ces belles fleurs. Fais trois pas en arrière et prends le temps de regarder ce que tu manques lorsque tu te colles le nez au poteau.

Maintenant, si tu ne te distancies pas de tes problèmes, tu ne sauras jamais ce que tu manquais. Oui, c'est difficile, oui, on se sent seul, mais je te promets que le monde nous réserve toujours de belles surprises. Les gens t'aiment autour de toi et ils sont là pour toi.

En plus de l'écoute réelle et de la réception pour mieux connaître celui ou celle qui s'adresse à moi, j'aborderais deux éléments.

Premièrement, malgré tous les problèmes et les périodes noires, la vie mérite d'être vécue et il faut s'accrocher.

Ensuite, il faut s'attendre à mettre un peu d'efforts et de temps pour régler nos problèmes, même si ce n'est pas toujours évident dans notre monde de solutions instantanées.

Mais avant tout, je lui rappellerais la phrase du Petit Prince de Saint-Exupéry : « On est responsable de la rose que l'on a apprivoisée. » C'est-à-dire que les liens que l'on a créés avec des chums, gars ou filles, avec un ou une petite amie, ou même avec nos parents, on ne doit pas les couper par notre seule décision !

Voilà quelques éléments de solution d'une famille endeuillée par le suicide.

La famille de Carl Létourneau

Un message de vie

Écrire sur la vie lorsqu'on vient de perdre un fils de 18 ans ne nous semble pas, à première vue, quelque chose de réalisable. Accablés par un grand chagrin, la concentration faisant défaut et la vie nous apparaissant différente, les petites tâches qui jadis occupaient notre quotidien deviennent aujourd'hui des défis.

Alors, pourquoi écrire ?

Parce qu'une situation comme celle que notre famille vit ne doit plus se reproduire, et si quelques mots peuvent aider, alors tant mieux. C'est aussi pour faire en sorte que ceux et celles qui restent puissent y trouver un message d'espoir et de vie. Ou encore permettre à plusieurs jeunes de se reconnaître et de trouver en eux ou autour d'eux la raison, le soutien et la lumière qui doit guider le sens de la vie.

Pour toi qui nous lis et qui es au tournant de ta vie, essaie de te connaître. Déplace-toi dans la vie pas à pas, sans brûler les étapes et sans précipitation, et ce, en ayant toujours en tête que les difficultés peuvent être résolues en gardant confiance en toi et en gardant l'estime de toi.

Plein d'espoir et de projets, s'il te semble que rien ne va plus, que les problèmes tourmentent ton esprit, alors prends un temps d'arrêt, refais le plein d'énergie, mais, surtout, n'abandonne pas ! Tends plutôt la main, cherche de l'aide autour de toi : il y aura sûrement quelqu'un sur ton chemin qui t'accueillera et qui t'aidera.

Un message de vie, oui, parce qu'il n'y a que celle-ci qui t'offre toutes les possibilités.

Sois heureux et profite des beautés et des bontés de la vie. Ne cherche pas le bonheur trop loin, car il est tout simplement en toi.

La famille de Jérôme Gagnon

Le don du bonheur

Dans la vie, quelquefois, on a la chance de rencontrer des gens qui ont le don d'être heureux. Nous avons été choyés, l'un d'entre eux est passé dans nos vies. De plus, il y était dans le quotidien malgré toutes les difficultés et les épreuves. Une belle réussite en soit.

Son amour, sa droiture et sa joie de vivre, nous en sommes convaincus, ont changé et amélioré un bout de nos vies, donc le monde. Nous, comme parents, souhaitons que ce don du bonheur soit contagieux. Il était heureux par choix et par conviction. Il avait foi en la vie et en lui.

Heureusement, son décès n'était pas prémédité. Je ne peux imaginer de quelle façon nous aurions pu survivre à cette souffrance. Les questions auxquelles nous nous sommes accrochés auraient été de plusieurs fois supérieures et un supplice dans notre quotidien. Déjà, l'épreuve est atroce tous les jours ; son absence, un gouffre sans fin. Quelle bénédiction : nos souvenirs restent heureux et gratifiants.

Vous, les jeunes en qui nous croyons tellement, ayez le courage de vos convictions et donnez-vous la chance à votre tour d'améliorer ce monde. C'est un si grand réconfort pour ceux qui vous aiment. (Et il y en a plus d'un!) Il y a différents chemins pour y arriver, quelquefois ils dévient, mais, en vous, vous pouvez puiser la force de les retrouver. Un temps d'arrêt peut être tellement bénéfique et une épaule si réconfortante lorsque nous sommes dans une impasse. Les solutions sont toujours en vous et non contre vous.

Prenez le temps de dire aux vôtres que vous les aimez comme ils sont, et surtout de bien entendre ceux qui vous le clament. Nous, de ce côté, avons été choyés. Ces mots de lui ne passeront plus par nos oreilles, mais sont gravés dans nos cœurs.

Merci pour ce beau cadeau du ciel.

La famille de Jonathan Babin

Après-propos

J'ai vu le jour en 1967, l'année de l'Expo, et je suis originaire de Lorrainville, au Témiscamingue. Comme tant d'autres, je suis un enfant du divorce. Sauf qu'en 1975 ce n'était pas bien vu. Mais ça ne m'a pas empêché de me marier et d'avoir quatre enfants ; nous ne sommes pas nos parents.

Après un DEC en sciences de la nature obtenu à Rouyn-Noranda, les études universitaires en biologie m'ont amené à Québec. Par la suite, j'ai obtenu un baccalauréat en théologie orienté vers l'éthique et la psychologie pour enseigner ce qui m'intéressait davantage. Un certificat en pédagogie s'est ajouté, puis des cours en histoire, question de garder mon emploi à cause de la réforme de l'éducation. Je travaille depuis 1991 avec les adolescents de l'école secondaire Louis-Jacques-Casault, de Montmagny, en formation de la personne.

La solidarité émerge du drame ou de l'abus : il a fallu une épidémie de quatre suicides pour que ce projet naisse en 2000. Au départ, il s'agissait d'une simple lettre remise annuellement aux finissants de l'école et imprimée grâce au financement des clubs sociaux et du CLSC de l'endroit.

Le tout a pris une nouvelle tournure lorsque M. Michael Sheehan, juge à la Cour du Québec et au Tribunal des droits de la personne, a lu le document à la suite d'une de ses conférences sur la prévention du suicide. Le projet lui a plu. Il a contacté Mme Anne Sigier, puis les choses ont bougé. Mme Sigier, M. Sheehan, le mot merci n'exprimera jamais assez toute la gratitude que je ressens pour vous.

En plus de remercier du fond du cœur celles qui ont collaboré directement au projet, j'ajoute des remerciements chaleureux aux personnes suivantes pour leur soutien ou leur contribution : Steven Bérubé, Pierre Chagnon,

France Cloutier, Geneviève Côté, Karine Fournier, Maggie Fiset, Marie-Michelle Fortin, Vickie Gagné, Suzie Jean, Isabelle Lamontagne, Marie-Josée Landry, Gabrielle Lavallée, Audrey Lavoie, Sylvie Lonergan, Rachel Morin, Jean-François Misson, Guillaume Nicole, Audrey Ouellet, Jocelyne Parent, Hélène Roberge et Julie Tanguay. Sans compter tous les élèves à qui j'ai enseigné depuis ces années.

Enfin, merci à vous, les amours de ma vie. Chaque jour, vous faites de moi une meilleure personne.

Carl Desrochers

Au service de votre vie

Le porteur du message est souvent aussi important que le message lui-même. À ce titre, le texte de Carl témoigne autant de sa personnalité que de sa volonté d'intervenir pour la vie. Il a accepté nos commentaires et nos idées pour modifier certaines de ses envolées (ou « dérapages », comme il le dit si bien).

Nous croyons au pouvoir de la parole et à l'écoute personnelle et professionnelle. Nous encourageons la sensibilisation et la prise de position dans le domaine de la prévention du suicide. Ce document témoigne d'une volonté de voir clair à travers les brumes de la souffrance. N'hésitez pas à communiquer avec les services d'aide indiqués à la page suivante.

France Couture	Yvan Tessier, M. Ps.,
travailleuse sociale	*psychologue*

• Tel-Jeunes
1 800 263-2266 /
www.detresse.com

• Jeunesse, J'écoute
1 800 668-6868

• Protection de la Jeunesse
1 800 461-9331

• Prévention du suicide
(partout au Québec)
1 866 appelle (277-3553)

• Gai-Écoute
1 888 505-1010

• CLSC de votre secteur

Table des matières